Christine Hoppe

Der Patient/Die Patientin in der evangelischen Krankenhausseelsorge -
Theologische und seelsorgerliche Perspektiven

D1719048

Christine Hoppe

Der Patient/Die Patientin in der evangelischen Krankenhausseelsorge - Theologische und seelsorgerliche Perspektiven

GRIN Verlag

Bibliografische Information Der Deutschen Bibliothek: Die Deutsche
Bibliothek verzeichnet diese Publikation in der Deutschen Nationalbibliogra-
fie; detaillierte bibliografische Daten sind im Internet über http://dnb.ddb.de/
abrufbar.

1. Auflage 2008
Copyright © 2008 GRIN Verlag
http://www.grin.com/
Druck und Bindung: Books on Demand GmbH, Norderstedt Germany
ISBN 978-3-640-13470-0

Wissenschaftliche Hausarbeit

Gemäß § 27 der Ordnung für die Erste Theologische Prüfung vom 1. September 2003

Praktische Theologie

Wintersemester 2007/2008

Der Patient/Die Patientin in der evangelischen Krankenhausseelsorge – theologische und seelsorgerliche Perspektiven

verfasst von: **Christine Hoppe**

Bearbeitungszeitraum: 12.02.-07.04.2008

Christine Hoppe
Universität Hamburg
Geisteswissenschaftliche Fakultät
Fachbereich Evangelische Theologie
Evangelische Theologie
1. Kirchliches Examen
11. Fachsemester

Inhaltsverzeichnis:

Herr, nun liege ich hier,

und mein Schicksal bestimmen die Ärzte:

„Ich muss ins Bett! Ich darf aufstehen! Ich darf mich waschen...!"

Sie befehlen – ich gehorche wie ein unmündiges Kind.

Eigeninitiative ist nicht gefragt – ja frevelhaft.

Wenn sie befehlen, müssen die Schwestern springen,

auf dass es mir wohlergehe.

Verlass mich nicht, mein Herr, eile mir zu Hilfe unter den Menschen.

Herr, nun liege ich hier

in der II. Klasse mit Telefon und besonderer Besuchsregelung,

isoliert von den anderen Klassen.

Die Visite singt im Chor:

„Ganz ruhig bleiben. Es wird schon wieder werden..."

Auf meine Fragen geben sie keine Antwort.

Sie flüchten sich in ihre formelhafte Fachsprache.

So werde ich dumm gehalten vom ersten Tage an.

Verlass mich nicht, mein Herr, eile mir zur Hilfe unter den Menschen.

Herr, nun liege ich hier

Und überdenke mein Leben.

Ich bin wie ein Tauber, der keinen Ton mehr hören kann.

Wie ein Stummer lebe ich,

der seine Lippen nicht mehr auseinander bekommt.

Mein Mund hat keine Antwort mehr bereit.

Die Frage erstirbt mir auf der Zunge.

Kraftlos bin ich und wie zerschlagen,

ich schreie um Hilfe.

Wer wird mir wirklich helfen?

Verlass mich nicht, mein Herr, eile mir zu Hilfe unter den Menschen.

Herr, nun liege ich hier

Und bitte dich: Dass nicht die sich freuen, die mich hier in Qualen sehen;

Dass nicht die spotten, die gegen mich arbeiten;

Dass sie nicht grosstun, wenn meine Kräfte am Ende sind.

Wenn ich falle, hältst du mich fest an deiner Hand.

Verlass mich nicht, Herr meiner Hoffnung,

bleib mir nicht fern, mein Gott!

Eile mir zu helfen, Herr, mein Heil unter den Menschen.

(Übertragung des 38. Psalms von Uwe Seidel und Diethard Zils)

I. Einleitung

Jeder, der schon einmal schwerer erkrankt war weiß, was es bedeutet, ins Krankenhaus zu müssen. Seine Erfahrungen, die er dabei gemacht hat, wird er immer in Erinnerung behalten. Der Gang zum Krankenhaus wird von den meisten Menschen als belastend empfunden. Egal, ob der Kranke plötzlich oder geplant ins Krankenhaus muss – er wird immer aus seinem alltäglichen Leben und aus seinem persönlichen Umfeld herausgerissen. Bei einer leichten Erkrankung bedeutet ein Krankenhausaufenthalt nur eine kurzzeitige Beeinträchtigung seines Lebensvollzugs. Sobald der Mensch aber mit einer schweren und lang andauernden Erkrankung konfrontiert wird, bedeutet das für ihn, dass er sein Leben gänzlich darauf einstellen und einen Weg finden muss, trotz und mit dieser Krankheit ein sinnvolles und erfülltes Leben zu führen.

In der vorliegenden Arbeit soll es darum gehen, aufzuzeigen, was es für den Menschen heißt, krank zu sein und sich im Krankenhaus aufhalten zu müssen und welche Bedeutung die Seelsorge für den kranken Menschen hat bzw. haben sollte. Dabei wird der Fokus zunächst auf die Rolle des Patienten und seinen Umgang mit der Krankheit gelegt. Das schließt eine Beleuchtung der Begriffe Krankheit und Gesundheit mit ein.

Im Zuge der Technisierung der modernen Medizin verändert sich auch die Situation des Patienten im Krankenhaus. Auch wenn kaum einer den Fortschritt der modernen Medizin missen wollen wird, so bedeuten doch die vermehrt computergesteuerten, technisierten Diagnostiken und Therapien für den Patienten eine zunehmende Verunsicherung. Er fühlt sich immer mehr den Apparaten ausgeliefert. Des weiteren führen immer knapper werdende Finanzmittel im Gesundheitswesen dazu, dass es eine große Personalnot gerade im Pflegebereich gibt, was wiederum dazu führt, dass die Pflegenden immer weniger Zeit für die Versorgung der Patienten haben.

Diese Entwicklung im modernen Gesundheitswesen bleibt auch für die Krankenhausseelsorge nicht ohne Folgen. Nicht nur, dass aufgrund von Einsparungen immer weniger hauptamtliche Seelsorger im Krankenhaus zur Verfügung stehen. Auch die immer kürzer werdenden Liegezeiten der Patienten im Krankenhaus führen dazu, dass Seelsorger immer mehr Menschen betreuen müssen.[1] Dies führt zwangsläufig zu Problemen und neuen

---

[1] Siehe zu genaueren Zahlen und Statistiken im Anhang.

1

Herausforderungen für die Seelsorge im Krankenhaus. Daher soll im weiteren Verlauf dieser Arbeit dargestellt werden, welche Aufgaben und Funktionen die Seelsorge im Krankenhaus hat, mit welchen Schwierigkeiten sie konfrontiert wird und wie es demzufolge um ihre Stellung in der Institution Krankenhaus bestellt ist. Darauf folgend wird darzustellen sein, wie der Patient selbst der Seelsorge gegenüber steht. Was bedeutet es für den Patienten im Krankenhaus, das Angebot einer Seelsorge zu bekommen und welche Erwartungen hat er ihr gegenüber?

Am Ende der Arbeit werden schließlich Perspektiven einer patientenorientierten Seelsorge vorgestellt, die aufzeigen sollen, was eine Seelsorge im Krankenhaus leisten sollte, damit sich der Patient als Individuum und nicht nur als „Maschine Mensch mit Defekt" anerkannt weiß.

Der einfacheren Lesbarkeit halber verwende ich in meiner Arbeit ausschließlich die maskuline Personalendung. So spreche ich z.B. vom „Seelsorger" und nicht von der „Seelsorgerin". Ich weise ausdrücklich darauf hin, dass die feminine Form damit automatisch eingeschlossen ist.

II. Die Entwicklung der Seelsorgebewegung und ihre Bedeutung für die Seelsorge im Krankenhaus – ein kurzer Überblick

Speziell im Bereich der Krankenhausseelsorge spiegeln sich Konzepte der allgemeinen Seelsorgelehre in ihrer geschichtlichen Entwicklung wider. Es soll im Folgenden, ohne Anspruch auf Vollständigkeit, eine exemplarische Auswahl dargestellt werden, die besonders für die Seelsorge im Krankenhaus Auswirkungen hatten.
Das ausgehende 19. und beginnende 20. Jahrhundert war durch ein starkes Interesse an Fragen zur Seelsorgelehre und zur seelsorglichen Praxis gekennzeichnet. Zum einen begründete sich das in der Theologie F. Schleiermachers und der unter seinem Einfluss stehenden Theologen wie A. Schweizer und C.I. Nitzsch, zum anderen wurde es durch die Reaktion auf den gesellschaftlichen Übergang zur ‚modernen Welt' und die sozialen Nöte der Zeit bestimmt.[2]

---

[2] Vgl. H. Eschmann, Theologie der Seelsorge, S. 5.

Die Wende, die sich nach dem 1. Weltkrieg in der protestantischen Theologie unter der Führung Karl Barths anbahnte und zu einem theologischen Umbruch führte, fand seine nachhaltigste Ausprägung in der Seelsorgetheorie Eduard Thurneysens. In der dialektischen Seelsorgetheorie Thurneysens wird der Absolutheitsanspruch der Verkündigung des Wortes Gottes über die Homiletik hinaus auch für die Seelsorgelehre postuliert und konkretisiert. „Das Theologoumenon von ‚Rechtfertigung allein aus Gnaden' wird zum absoluten Kriterium jeder Seelsorgetheorie und –praxis erhoben und als ihr theologisches Ziel die Erkenntnis der Sündhaftigkeit im Kontrast zur alleinigen Gnade Gottes fixiert. Möglich ist dies nur aufgrund der Selbsterschließung Gottes in seinem Wort, da die absolute Diastase zwischen Gott und Mensch Ausgangspunkt dieses theologischen Ansatzes ist."[3] Im Gegensatz zur Predigt ist Seelsorge als Verkündigung des Evangeliums an die einzelne Person zu bestimmen. „Seelsorge findet sich in der Kirche vor als Ausrichtung des Wortes Gottes an den Einzelnen. Sie ist wie alles rechtmäßige Tun der Kirche begründet in der Lebendigkeit des der Kirche gegebenen Wortes Gottes, das darnach verlangt, in mancherlei Gestalt ausgerichtet zu werden."[4] Die Verkündigung ist als streng zielgerichtetes Gespräch definiert. Seelsorge zielt auf einen Erkenntnisprozess mit theologischem Vorzeichen: alles menschliche Denken, Wollen und Handeln wird durch das Wort Gottes dem theologischen Urteil unterstellt. „Die sich hier vollziehende Vertauschung der anthropozentrischen Ebene durch die theozentrische wird programmatisch als notwendiger Bruch in jedem Seelsorgegespräch bezeichnet."[5] Dieser kerygmatische Seelsorgeansatz wurde immer wieder kritisiert, vor allem wegen seiner mit Problemen behafteten praktischen Umsetzbarkeit. E. Naurath weist kritisch darauf hin, dass der der Immanenz verhaftete Mensch in seinen Gegebenheiten in diesem Seelsorgekonzept grundsätzlich entwertet werde. Gerade in der körperlichen und psychosomatischen Krisenerfahrung von Krankheit und Sterben führe dieser Ansatz zu einer faktischen Verdrängung der akuten Problemlage. Naurath ist der Ansicht, dass für Patienten, die von dieser Seelsorgepraxis betroffen waren, dies eine Verstärkung der Entfremdung vom eigenen Selbst bedeutete. „In der theologischen Verknüpfung von Krankheit und Sünde findet dieser Aspekt der Körperentfremdung seine dualistische Spitze. Es ist damit deutlich, dass dieser

---

[3] E. Naurath, Seelsorge als Leibsorge, S. 46f.
[4] E. Thurneysen, Die Lehre von der Seelsorge, S. 9.
[5] E. Naurath, Seelsorge als Leibsorge, S. 48.

Ansatz – trotz der Betonung seiner ‚Ganzheitlichkeit' – die Leiblichkeit des Menschen ignoriert oder sogar gezielt negiert. Dass er damit der spezifischen seelsorgerlichen Aufgabe am Krankenbett nicht gerecht werden kann, ist offensichtlich."[6]

Aufgrund der wachsenden Kritik am kerygmatischen Ansatz kam es seit etwa 1950 zu einer Neuorientierung in der Seelsorgetheorie und –praxis, was sich besonders in der Krankenseelsorge zeigte. Hintergrund war die wachsende Verlagerung der Krankenseelsorge in die Institution Krankenhaus, verbunden mit einem Strukturwandel des Krankenhauses als Ort zunehmender Spezialisierung und Technisierung der medizinischen Diagnostik und Therapie. Das Problem der Funktions- und Beziehungslosigkeit der verkündigenden Seelsorge im Großbetrieb Krankenhaus führte dazu, dass die Seelsorge sich zunehmend von der Situation und Bedürfnislage der Patienten ableitete. Hieran anschließend setzte auch die Diskussion um verstärkte Integration psychologischer und psychotherapeutischer Erkenntnisse in die Seelsorgelehre ein.[7]

Mit der Rezeption der amerikanischen Seelsorgebewegung Ende der sechziger Jahre vollzog sich in Deutschland endgültig ein grundlegender Wandel im Seelsorgeverständnis. Es trat nun, als strikte Abkehr vom Verkündigungsmodell der kerygmatischen Seelsorgetheorie, der Aspekt der Lebenshilfe vor dem der Glaubenshilfe in den Vordergrund. Gerade das Krankenhaus wurde zum Brennpunkt der Notwendigkeit einer Neuorientierung, „weil hier angesichts eines breiten Spektrums von Menschen in der situativen Krise von Krankheit oder Unfall die Validität des theologischen Auftrags besonders zur Disposition stand. So begründet sich die Seelsorgebewegung aus dem [...] Ungenügen des mangelnden Praxisbezugs der theologischen Ausbildung und der institutionell vorgegebenen, strikten Trennung der Zuständigkeitsbereiche von Theologie und Medizin." So entstand schließlich das Programm des Clinical Pastoral Training.[8] Dieses Konzept der therapeutischen Seelsorge zeichnet sich dadurch aus, dass es in der Regel nicht-direktiv vorgeht und sich an dem klientenzentrierten Ansatz des humanistischen Psychologen C.R. Rogers, der die für den Aufbau einer helfenden Beziehung entscheidenden Therapeutenvariablen Echtheit, Wertschätzung und Empathie beschrieben hat, orientiert. Als

---

[6] E. Naurath, Seelsorge als Leibsorge, S. 64.
[7] Vgl. ebd., S. 64f.
[8] Vgl. ebd., S. 70.

Ausbildungskonzept in der Weiterbildung von Pastoren hat sich im Zuge der Seelsorgebewegung die sog. Klinische Seelsorgeausbildung (KSA) etabliert, die aus den USA über die Niederlande nach Deutschland kam.[9] Ihr Ziel ist es, in praxisorientierten und –begleitenden Kursen und mit Hilfe der Untersuchung von Seelsorgeprotokollen zu vertiefter Selbst- und Fremdwahrnehmung und dadurch zur Verbesserung der Kommunikationsfähigkeit in der Seelsorge anzuleiten.[10]

III. Der Patient in der Institution Krankenhaus

Im Zeitalter von Wissenschaft, Technik und Fortschritt zeichnet sich das Gesundheitswesen dadurch aus, dass es immer komplexer, kostspieliger und personalaufwendiger wird. Die konsequente Anwendung von Naturwissenschaft und Technologie auf den Menschen hat zu großen Erfolgen geführt. Die Leistungen des gesamten medizinischen Apparates sind unverkennbar. Es werden immer bessere diagnostische Möglichkeiten durch immer präziser werdende operative Untersuchungsmethoden ermöglicht, die Qualität des therapeutischen Handelns durch Apparate und Medikamente der High-Tech-Medizin wird gesteigert. Infolgedessen können vormals heilungsresistente Krankheiten weitgehend überwunden werden und die durchschnittliche Lebenserwartung der Bevölkerung wird verlängert. Ebenso wird die Lebensqualität von chronisch kranken und behinderten Menschen entscheidend und nachhaltig verbessert. In dieser Entwicklung ist ein hohes Gut zu erkennen und kaum einer will die moderne Medizin noch missen.[11]

In dem Zusammenhang ist nun aber zu fragen, wie sich diese Entwicklung auf den Patienten auswirkt. Daher soll im Folgenden dargestellt werden, was es für den kranken Menschen heißt, „Patient" im Krankenhaus zu sein. In welcher Situation befindet er sich und welche Rolle nimmt er als Patient im Krankenhaus ein? Ebenfalls soll in diesem Kontext aufgezeigt werden, was das Kranksein für den Patienten als Individuum bedeutet. Das schließt eine Untersuchung der Begriffe „Krankheit" und „Gesundheit" wie auch die Frage nach Sinn von Krankheit und dem damit verbundenen Leiden mit ein.

---

[9] Mit Dietrich Stollberg und seinem Konzept der „therapeutischen Seelsorge" gab es erstmals jemanden in Deutschland, der die amerikanische Seelsorgebewegung des Pastoral Clinical Training kritisch rezipiert und damit den Wechsel vom verkündenden zum klientenzentrierten Modell durchgesetzt hat.
[10] Vgl. H. Eschmann, Theologie der Seelsorge, S. 15.
[11] Vgl. J. Ziemer, Seelsorgelehre, S. 269f.

III.1. Die Rolle des Patienten im Krankenhaus

Soziologisch betrachtet, sind Organisationen bzw. Institutionen Einrichtungen, in denen bestimmte Ziele durch das gemeinsame Handeln mehrerer erreicht werden sollen. Zu den wichtigsten Koordinationsinstrumenten gehören Regeln und Routine, durch die festgelegt werden, welche Behandlungen von den Beteiligten in definierten Situationen zu erwarten sind. Regeln und Routinen erleichtern zwar den alltäglichen Umgang der Organisationsmitglieder miteinander, aber andererseits schränken sie auch den Handlungsspielraum des Einzelnen und seine Entscheidungsfreiheit ein.[12] Dieser Sachverhalt trifft auf das Krankenhaus zu. Wenn ein Patient ins Krankenhaus aufgenommen wird, bedeutet das für ihn, dass er seine vertraute Umgebung verlassen und sich in die Obhut des Krankenhauses begeben muss. Ab diesem Moment wird von ihm erwartet, dass er sich den ,Spielregeln' des Krankenhauses unterordnet.

Das Leben im Krankenhaus ist von einem festen zeitlichen Rhythmus gekennzeichnet. Dieser gilt für alle Patienten verbindlich, Ausnahmen sind nur nach vorheriger Absprache und mit der Zustimmung des Personals möglich. Daneben gibt es auch noch Arbeitsvollzüge, die zeitlich nicht festgelegt sind, die also ,bei Gelegenheit', ,wenn der Arzt Zeit findet' oder ,wenn die Laborwerte eingetroffen sind' durchgeführt werden. Das bedeutet für den Patienten, dass er ständig präsent und verfügbar sein muss, was nicht nur seine Bewegungs- und Kontaktmöglichkeiten begrenzt, sondern auch einen Großteil seiner Privatsphäre einfordert.[13] Diese neue Rolle des Patienten bedeutet aber nicht nur den Verlust seiner Selbständigkeit, sondern auch eine Umwertung seiner Person. Es ist jetzt nur noch sein Krankheitsbild und sein Genesungsverhalten interessant. Ein guter und pflegeleichter Patient ist dann, wer sich fügt und ohne zu murren bei allem mitmacht – also funktioniert. Damit heißt ein Krankenhausaufenthalt für die Patienten auch Einschränkung ihrer Persönlichkeit. Sie werden in verschiedene Gebäudeteile geschoben, in Funktionsabteilungen oft serienmäßig abgefertigt, als Nummern hintereinander untersucht und von Personen betreut, die sie nie wieder sehen werden.[14]

---

[12] Vgl. T. Kohlmann, Patient und Organisation, S. 391.
[13] Vgl. T. Kohlmann, Patient und Organisation, S. 392; so auch J. Siegrist, Seelsorge im Krankenhaus, S. 30.
[14] Vgl. R. Gestrich, Das seelsorgerliche Gespräch in der Krankenpflege, S. 39; so auch S. Allwinn, Krankheitsbewältigung als individueller, interaktiver und sozialer Prozess, S. 74f.

Zu den organisatorischen Belastungen kommen noch weitere Belastungsmomente auf den Patienten im Laufe seines Krankenhausaufenthalts zu. Das beginnt bereits mit der Aufnahme auf die Station. Die Situation der Patientenaufnahme wird von den Beteiligten unterschiedlich empfunden. Für die Patienten ist die Situation emotional aufgeladen. Sie haben unter Umständen Angst vor einer ‚schlechten' Diagnose oder vor schmerzhaften oder schambesetzten Eingriffen. Es ist daher anzunehmen, dass Patienten in dieser Situation mehr oder weniger verunsichert sind. Für das medizinische Personal dagegen handelt es sich bei der Patientenaufnahme um Alltagsroutine. Oft geschieht das unter Zeitdruck, weil noch andere Patienten aufgenommen werden wollen bzw. andere Patienten, die schon da sind, versorgt werden müssen. So kann es dazu kommen, dass sich unter Umständen erst einmal niemand um die Neuankömmlinge bemüht oder dass sie von Personen angesprochen werden, die sich nicht vorstellen. Diese Situation verstärkt für die Patienten das Gefühl, dieser Institution ausgeliefert zu sein.[15]

Ein weiterer Belastungsmoment für Patienten sind die Aufklärungsgespräche vor invasiven diagnostischen Maßnahmen oder Behandlungen. Aufklärungsgespräche sind stark durch juristische Maßnahmen bestimmt. Es geht den Ärzten vor allem darum, die Einwilligung der Patienten zu erhalten, damit sie juristisch gesehen keine Körperverletzung begehen. Problematisch ist, dass die Gespräche meist erst dann mit dem Patienten geführt werden, wenn die Entscheidung zur Behandlung eigentlich schon gefallen ist. Dazu kommt, dass eine Risikoaufklärung für die Patienten in der ohnehin schon belastenden Situation eine zunehmende Verunsicherung bedeutet und die Patienten aus dieser Situation heraus die Fülle von Informationen noch schlechter verarbeiten können. Damit wird die Einwilligung nahezu zu einer Farce. Für die Ärzte ist das Gespräch meist eine Aufgabe, das sie unter Zeitdruck schnell noch ‚hinter sich bringen'. Daher werden Informationen schnell präsentiert und der Patient bekommt noch mehr das Gefühl, oft auch aus Unwissenheit, vom Arzt anhängig zu sein. Für den Patienten ist es aber nicht getan, ihn mit den notwendigsten Informationen über seinen Zustand und die gebotenen ärztlichen Maßnahmen zu versorgen. Denn hierbei wird übersehen, dass der Patient diese Informationen auch emotional verarbeiten

---

[15] Vgl. S. Allwinn, Krankheitsbewältigung als individueller, interaktiver und sozialer Prozess, S. 63; R. Gestrich, Das seelsorgerliche Gespräch in der Krankenpflege, S. 38f.; V. Gisbertz, Ist einer von euch krank, S. 22f.

muss.[16] Daher wäre ein Informationsgespräch, das in Ruhe und mit der gewissen Zuwendung zum Patienten geschieht, sehr viel hilfreicher, da das für den Patienten eine emotionale Beruhigung bedeuten würde.[17]

Generell wirkt sich der personelle Notstand des Pflegepersonals und die daraus folgende Arbeitsüberlastung sowie der damit verbundene Zeitdruck erheblich auf die Patienten aus. Das schlägt sich auch in der Beziehung zwischen Arzt und Patient nieder.[18] Insbesondere in den klinischen Visiten, die im Durchschnitt nicht länger als 3-4 Minuten dauern, zeigt sich dieses Problem. Sie gehen kaum auf den Patienten ein bzw. geben ihm kaum Möglichkeiten, in der kurzen Zeit Fragen zu stellen. Das führt dazu, dass sich der Patient nicht als Person ernst genommen, sondern sich als ,Nummer' abgefertigt fühlt.[19] Somit wirkt sich nicht nur die Krankheit des Patienten, sondern auch der Krankenhausaufenthalt selbst für den Patienten psychisch belastend aus. Je weiter die Entwicklung der medizinischen Technik in Diagnose und Therapie voranschreitet, desto wichtiger wird die menschliche Zuwendung und Begleitung von Patienten. Nur so verliert der Patient etwas von dem Gefühl des Ausgeliefertseins an das, was ihm Angst macht. Folgendes Beispiel soll diesen problematischen Sachverhalt verdeutlichen und zum Nachdenken anregen. Eine Krankenhausseelsorgerin, die als Dienstvorbereitung ein Krankenpflegepraktikum an einer Universitäts-Strahlenklinik machte, berichtet: *„ Ich hatte einen älteren Mann, der unter starken Schmerzen litt, zu einer Untersuchung von einem Haus in das andere zu bringen. Es schien mir das Selbstverständlichste von der Welt zu sein, dass ich neben ihm sitzen blieb und wartete, bis die Untersuchung abgeschlossen war. Dieser Patient hat mir das Bei-ihm-Bleiben in einer Situation, die ihm Angst machte, bis zu seinem*

---

[16] Vgl. H.-C. Piper, Kranksein – Erleiden und Erleben, S. 27.

[17] Vgl. hierzu auch S. Allwinn, Krankheitsbewältigung als individueller, interaktiver und sozialer Prozess, S. 66f.

[18] Vgl. H.-C. Piper, Kranksein – Erleiden und Erleben, S. 23.

[19] J. Siegrist weist als Ausweg aus diesem Missstand auf das sog. Ulmer Stationsmodell aus den siebziger Jahren hin. Dort wurde auf einer psychosomatischen Modellstation der Internistischen Abteilung einer Universitätsklinik die Arbeitsorganisation so umgestellt, dass wesentlich mehr Zeit für die tägliche Visite zur Verfügung stand und die Visite selbst in eine Vor- und Nachbesprechung außerhalb des Krankenzimmers sowie ein Gespräch mit dem Kranken aufgegliedert wurde. Zwischen Ärzten und übrigen Berufsgruppen auf Station entwickelte sich eine intensive Kooperation, die auch auf andere Tätigkeiten ausstrahlte. Dieses Modell erwies sich als sehr erfolgreich und zeigt, wie wichtig es ist, angesichts zunehmender Technisierung und Arbeitsteiligkeit des Organisationshandelns im Krankenhaus, sprachlich vermittelte Interaktionsleistungen und Zuwendungen zum Patienten besser zu schulen und systematisch zu fördern. (J. Siegrist, Seelsorge im Krankenhaus, S. 33f.).

Tode nie vergessen. Hinterher wurde mir freilich klar gemacht, dass ich in dieser Zeit eigentlich auf der Station gebraucht worden wäre. "[20]

III.2. Anthropologische und ethische Überlegungen zu den Begriffen „Krankheit" und „Gesundheit"

Die Begriffe Gesundheit und Krankheit sind nicht nur für die Medizin bedeutend, sondern auch für das individuelle und soziale Leben überhaupt. Daher hängt von der Klärung dieser Begriffe das Schicksal von Menschen ab bzw. werden ökonomische und juristische Entscheidungen dadurch bestimmt.[21]

Die Weltgesundheitsorganisation WHO definiert Gesundheit als den „Zustand vollständigen körperlichen, geistigen und sozialen Wohlbefindens und nicht nur (als) das Freisein von Krankheit und Gebrechen".[22] Diese Definition wird aufgrund ihrer eher utopischen Zielvorstellung von vielen Autoren kritisiert. U. Eibach weist darauf hin, dass mit dieser Definition eine Maximalgröße eingeführt wird, die eben wegen ihrer utopischen Züge nicht praktikabel, aber Ausdruck eines fraglichen Menschenbildes und ambivalenter gesellschaftlicher Erwartungen ist. Denn wenn die Definition trotz ihrer utopischen Züge als eine zu realisierende Zielgröße verstanden worden ist, entspringt sie einem Fortschrittsglauben, der vollkommenes Wohlbefinden für eine machbare Größe und die Beseitigung aller Krankheiten und Leiden für eine menschliche Möglichkeit hält. Für den modernen Menschen ist der Fortschritt zum „Heil" nicht mehr Gottes Wunder und Gegenstand der Hoffnung (vgl. Röm 8,18ff.; Offb. 21,3f.), sondern offenbar Planungsziel und eine für machbar gehaltene Größe. Selbst wenn die Definition der WHO nicht Ausdruck dieser Geisteshaltung sein sollte, so Eibach, sei es bedenklich, dass durch sie jede Beeinträchtigung des Wohlbefindens als Hindernis am Glück und als Einschränkung wahrhaft menschlichen Lebens betrachtet werde, bei deren Auftreten man sich schnellstens an die Therapeuten wenden soll, damit sie die Störung beseitigen.[23]

Auch E. Naurath nimmt zur Definition der WHO kritisch Stellung. Positiv sieht sie in dem Definitionsversuch allerdings, dass der Komplexität von

---

[20] gefunden bei: G. Scharffenorth/ A.M.K. Müller, Patienten-Orientierung als Aufgabe, S. 296.
[21] Vgl. U. Eibach, Heilung für den ganzen Menschen, S. 19.
[22] Zit. nach ebd., S. 20.
[23] Vgl. ebd., S. 22f.

Gesundheit als Einheit körperlicher, geistiger und sozialer Zustände entsprochen wird und er sich damit gegen eine einseitige somatische Blickrichtung wendet. Aber kritisch beurteilt auch sie den utopischen Charakter. Sie macht deutlich, dass sich in dieser Definition typische Charakteristika eines modernen Gesundheitsideals widerspiegeln: „Mit dem Ideal von Gesundheit als umfassendem Wohlbefinden verbindet sich der Anspruch einer realisierbaren Heilsvorstellung, die theologisch-eschatologische Erwartungen auf immanente Verhältnisse transferiert und damit entwertet. [...] Der neuzeitlich-rationale Abschied von einer theologischen Weltdeutung führt damit zu einem säkularen Krankheitsverständnis, das in Korrelation zum medizinischen Fortschritt(sglauben) zu sehen ist. Krankheit ist ein aufgrund logischer Zusammenhänge erklärbares mechanistisches Phänomen, dem mit zunehmender medizinischer, technischer und pharmakologischer Forschung erfolgreich begegnet werden kann."[24]

Um die Mängel der Gesundheitsdefinition der WHO auszuschalten, geht U. Eibach von einer formalen, stark am biologischen Verständnis von Leben als einer sich selbst regulierenden Ganzheit von Lebensvorgängen aus. „Gesundheit wäre dann dasjenige Geschehen, in dem eine sinnvolle, geordnete Einheit der Teile zum Lebensganzen einschließlich der Beziehungen zur Mit- und Umwelt gegeben ist, mithin das Geschehen, in dem die Regulation im Organismus und des Organismus zur Mit- und Umwelt geordnet und so eine Harmonie aller Lebensverhältnisse möglich ist. Dementsprechend wäre Krankheit eine Störung derjenigen Beziehungen, die Leben ausmachen, also eine Disharmonie im Gefüge der Lebensvorgänge."[25] Gesundheit ist nach dieser Definition folglich Kraft und Voraussetzung zur Verwirklichung der dem Menschen aufgegebenen Lebensbestimmung. Damit wäre das Subjekt und seine Lebensbestimmung und Lebensauffassung Grundlage und Ausgangspunkt dieses Gesundheitsverständnisses, und ob jemand krank ist, entscheidet sich daran, ob und wie er seinen Lebenssinn verwirklichen kann.[26]

Ähnlich sieht es M. Klessmann. Er kritisiert an der Gesundheitsdefinition der WHO, dass sie die Begrenztheit menschlichen Lebens und menschlicher Gesundheit verschweigt. Daher müsse Gesundheit so definiert werden, dass jemand allein oder mit Hilfe anderer in seinen Grenzen ein zufriedenstellendes

---

[24] E. Naurath, Seelsorge als Leibsorge, S. 142f.
[25] U. Eibach, Heilung für den ganzen Menschen, S. 25.
[26] Vgl. ebd., S. 28.

Gleichgewicht findet, das ihm erlaubt, das Leben, die Krankheit und das Sterben als das eigene anzuerkennen und anzunehmen.[27] J. Ziemer geht sogar soweit, dass er eine exakte Definition von Krankheit und Gesundheit ausschließt. Stattdessen schlägt er vor, zwischen einem Idealbegriff von Gesundheit, also einer umfassenden Gesundheit für alle als Utopie menschlichen Strebens, und einem Realbegriff zu unterscheiden. Beim letzteren bezieht sich Ziemer auf Karl Barth, der Gesundheit als leibseelische Kraft zum Menschsein beschreibt. Somit kann es zur Gesundheit auch gehören, eine Krankheit anzunehmen und mit gesundheitlichen Belastungen umzugehen. Daher kann ein Behinderter oder jemand, der mit einschneidenden Krankheitsfolgen leben muss, durchaus gesund genannt werden.[28]

Diese Definitionsversuche der einzelnen Autoren setzen demnach eine Sicht des Menschen voraus, in der Gesundheit nicht als ein Besitz angesehen wird, sondern als ein dynamisches Geschehen der Abwehr von Krankheit, dessen Subjekt die Person ist. Unter diesem Gesichtspunkt ist Gesundheit als eine Fähigkeit des Menschen zu verstehen und schließt als solche nicht nur die Fähigkeiten zu Arbeit und Genuss, sondern auch die Fähigkeit zur Entsagung, zum Leiden, zum Ertragen und zur Verarbeitung von Leiden in sich ein. In dem Moment, wo der Mensch als leidensfähiges Wesen in die anthropologische Medizin eingeführt wird, kann Gesundheit der Person nicht mehr als Zustand unbeeinträchtigten Wohlbefindens verstanden werden, wie es die WHO ihrer Definition zufolge tut. „Gesundheit ist dann nicht mehr die Abwesenheit von Störungen biologischer, psychischer und sozialer Art, sondern die Fähigkeit und Kraft der Person, solche Störungen anzugehen, abzuwehren oder mit ihnen so zu leben, dass der Mensch dadurch nicht daran gehindert wird, Sinn im Leben zu erfahren und sein Menschsein zu verwirklichen. Krank wäre demnach der Mensch, der unfähig und auch unwillig ist, das Leben als spannungsvolles Geschehen zwischen Erleiden und Tun durchzustehen, und damit unfähig ist, Leiden anzugehen, zu ertragen und zu bewältigen."[29] Dieses grundlegende Gesundheits- und Krankheitsverständnis hat für die Seelsorge im Krankenhaus Konsequenzen, wie sich später noch zeigen wird.

---

[27] Vgl. M. Klessmann, Die Stellung der Krankenhausseelsorge in der Institution Krankenhaus, S.41f.
[28] Vgl. J. Ziemer, Seelsorgelehre, S. 267f.
[29] U. Eibach, Heilung für den ganzen Menschen, S. 41f.

11

III.3. Die Frage nach dem Sinn von Krankheit und der Umgang mit dem Leiden – ein theologischer Zugang

Wenn ein Mensch krank ist, bedeutet das für ihn eine tiefgreifende Lebensveränderung. Krankheit bedeutet Einschränkung von Verfügungsgewalt der Person über ihren Körper oder Teile desselben und Einschränkungen ihrer Wirkungsmöglichkeiten in der Umwelt. [30] Der kranke Mensch wird aus seinem alltäglichen Leben herausgerissen, und die Auswirkungen seiner Krankheit sind umso stärker, je länger dieser Zustand anhält, je aufwendiger die Maßnahmen sind, um ihn zu beseitigen und je weniger Aussicht auf Heilung besteht. Dies kann den Menschen in eine Krise bringen und zu einem Gefühl der Minderwertigkeit, Leere und Überflüssigkeit führen. Damit wird zwangsläufig das Selbstwertgefühl des Patienten betroffen. U. Eibach formuliert recht scharf aber deutlich, dass in einer Gesellschaft, in welcher der Mensch primär nach seiner Leistungsfähigkeit beurteilt und Krankheit überwiegend als zu beseitigende Betriebsstörung aufgefasst wird, der Gesichtspunkt der verminderten Verwertbarkeit des kranken Menschen vorherrsche und nicht der seiner ihm von Gott verliehenen Würde. Die Überwindung der ‚Panne' gilt dann weniger dem Betroffenen als Person als vielmehr seiner Eingliederung in den Arbeitsprozess der Gesellschaft.[31] Diese Feststellung ist sicherlich etwas überspitzt, hat leider aber auch ihren wahren Kern. Von daher ist leicht nachvollziehbar, was es für einen Menschen heißt, krank zu sein.

Zur eigenen Krankheit muss der Mensch in irgendeiner Weise Stellung beziehen, um mit ihr zurecht zu kommen. Sobald es sich nicht mehr um eine vorübergehende Beeinträchtigung handelt, wird aus dem ‚Krankheit-Haben' ein ‚Krank-Sein'. Der Kranke muss sich emotional und seelisch mit seinem Leiden auseinandersetzen. Die seelischen Aufgaben der Patienten bestehen darin, die Symptome der Krankheit oder Verletzung zur Kenntnis zu nehmen und sich mit Beschwerden, Schmerzen oder Behinderung zurecht zu finden. Es gilt, Herr der Situation zu bleiben und sie zu meistern. Der Patient muss daher

---

[30] Vgl. U. Eibach, Heilung für den ganzen Menschen., S. 31f.
[31] Vgl. ebd., S. 33.

alle Kräfte und Fähigkeiten in sich selber aktivieren, die zur Heilung oder Stabilisierung beitragen können.[32]

An dieser Stelle hat die Seelsorge die Möglichkeit und auch die Aufgabe, im Dialog mit Krankheit und Leid die religiöse Dimension wahrzunehmen, die „als Sinn- oder Gottesfrage, als Verzweiflung oder Klage, als Erfahrung von Grenzen oder als Entdeckung neuer Lebensmöglichkeiten oft implizit, manchmal explizit thematisiert wird."[33]

Wer selbst einmal schwer krank gewesen ist oder mit kranken Menschen zu tun gehabt hat, der kennt die Fragen nach dem Sinn von Krankheit. „Warum gerade ich?" - „Welchen Sinn hat meine Krankheit?" - „Wie kann Gott das zulassen?" - „Warum muss ich so leiden?" -„Womit habe ich das verdient?". Solche oder ähnliche Fragen werden an den Seelsorger gestellt. Die Frage nach dem Sinn ist der Versuch eines kranken Menschen, irgendeine Erklärung für sein Leiden zu finden. Es kommen Zweifel und Verzweiflung auf. Der kranke Mensch wird mit der Begrenztheit seines Lebens konfrontiert.

Die oben genannten Sinn-Fragen implizieren alle mehr oder weniger unterschiedliche Gottesvorstellungen, die damit auch unterschiedliche Deutungen des Leidens nach sich ziehen. Dies hat Auswirkungen auf den Umgang des Seelsorgers mit dem Patienten. Daher sollen im Folgenden einige Gottesbilder vorgestellt werden.

Bei dem Versuch, das Leiden zu deuten und zu verstehen, bemüht sich der Mensch, sein individuelles, möglicherweise widerspruchsvoll erscheinendes Leben von persönlichen oder übergeordneten Wertsystemen, Lebensordnungen und Wirklichkeitsauffassungen her so zu verstehen, dass sein Leiden als Teil des Ganzen sinnvoll erscheint für das Ganze, das in sich sinnvoll sein soll. In solchen Sinn- und Systementwürfen der Wirklichkeit und den ihnen entsprechenden Menschenbildern werden das Böse, das Leiden und der Tod als notwendig auf dem Weg der Fort- und Höherentwicklung der Menschheit positiv eingeplant und eingeordnet. Das setzt immer voraus, dass der Sinn des Leidens der Wirklichkeit immanent und entsprechend aufweisbar ist. Alles Leiden muss dann also zur Reifung der Persönlichkeit oder zum Fortschritt der Menschheit, oder zu beidem, integrierbar sein. Wenn solche Sinnentwürfe schließlich mit dem Gottesgedanken verklammert werden, wird

---

[32] Vgl. R. Gestrich, Das seelsorgerliche Gespräch in der Krankenpflege, S. 40-42.
[33] M. Ferel, Willst du gesund werden, S. 369.

13

Gott mehr oder weniger als das höchste Sein, der Grund, die Ursache, die Summe und das Ziel allen Seins verstanden. Das hat zur Folge, dass das Böse nicht als eine dem Willen Gottes widersprechende Wirklichkeit verstanden werden kann. Gott und die Welt mit ihrem Übel werden in diesem Denken so zu einer Einheit verbunden, dass der Gottesgedanke zur Rechtfertigung der vorhandenen Welt eingeführt oder gebraucht wird.[34] Problematisch bei dieser Gottesvorstellung ist, dass hierbei versucht wird, den erfahrenen und durchlebten Widerspruch zwischen dem geglaubten Schöpfersein Gottes und seiner Güte auf der einen Seite und dem Elend und der Sinnlosigkeit des Leidens auf der anderen Seite durch einen Denkakt aufzuheben. Daher ist es fraglich, ob ein solcher Denkakt überhaupt ein Leiden verstehen und durchleben lässt.

Eine weitere Gottesvorstellung ist die, in der Krankheit als Strafe für Schuld verstanden wird. Diese Vorstellung findet sich im Alten Testament, wonach es allein Jahwe ist, der heilt (Ex 15,26; Jes 38,15). Im Rahmen eines Tun-Ergehen-Zusammenhangs wird das Leiden des Menschen interpretiert. Daher wird theologisch die Krankheit als Zeichen des Zornes Gottes angesichts menschlicher Schuld verstanden (Ps 38,4f.; Hiob 33,19-20; Num 12,9-11).[35] Dieses Verständnis drückt sich beim kranken Menschen in der „Warum-Frage" und „womit habe ich das verdient-Frage" aus. Oft steht hinter diesen Fragen der Wunsch, von anderen bestätigt zu kommen, dass sie ihre Strafe nicht verdient haben oder zu unrecht leiden. Die Vorstellung, dass Leiden Gottes Vergeltung für individuelle Sünde sei, wurde von Jesus ausdrücklich zurückgewiesen (Lk 13,1ff.; vgl. Joh 9,3). Aber die Frage nach einer letzten Ursache und dem Sinn des Bösen und des Übels in der Welt wird im Neuen Testament nicht beantwortet.[36] Jesus fordert allerdings die Kranken nicht zur Ergebung in ihr Schicksal auf, sondern er nimmt den Kampf gegen die Krankheit auf. Die Überwindung der Krankheit gilt als Zeichen des Anbruchs messianischer Herrschaft (Mt 11,5f.). Die Heilung ist Vollzug des göttlichen Schöpferwillens.[37]

---

[34] Vgl. U. Eibach, Der leidende Mensch vor Gott, S. 29f.
[35] Vgl. J. Ziemer, Seelsorgelehre, S. 273.
[36] Vgl. U. Eibach, Der leidende Mensch vor Gott, S. 34.
[37] Vgl. J. Ziemer, Seelsorgelehre, S. 273; vgl. auch M. Josuttis, Praxis des Evangeliums, S. 129.

Das grundlegende christliche Bekenntnis besteht darin, dass Gott gut ist, dass selbst sein Richten von seiner Güte, Barmherzigkeit und Liebe umfasst ist. Allerdings schließt das nicht ein, dass aus der Güte Gottes das durchgehende Gutsein und die Sinnhaftigkeit der faktischen Welt einschließlich des Übels gefolgert werden kann. Auch der Bibel ist eine solche Einordnung fremd. Daher kann die Güte Gottes nicht aus dem Seienden abgeleitet werden, das als gut gedacht wird, sondern gründet vielmehr in den Verheißungen und in seiner Treue zu ihnen. Die Güte Gottes kann auch (und gerade) trotz der sinnlich erfahrbaren schlechten und leidvollen Welt bestehen, weil die Bibel ganz entscheidend den Unterschied zwischen Gott und Welt betont. Daher kann z.B. die Gesundheit und das Wohlergehen eines Menschen nicht unmittelbar von Gott abhängig gemacht werden.[38]

Gott will die Krankheit nicht. Der christliche Glaube, so Josuttis, verzichtet darauf, in der Erkrankung den Willen Gottes am Werk zu sehen. „Er [der christliche Glaube] kann und muss auf diese religiöse Erklärung verzichten, weil für ihn der Wille Gottes eindeutig definiert ist. Gott, der Gott jedenfalls, von dem die biblische Tradition redet, ist ein Feind der Krankheit, weil Gott, dieser Gott, ein Freund des Menschen ist. Für den christlichen Glauben hat ein einziges Leiden und ein einziges Sterben in der Weltgeschichte Sinn, das Leiden und Sterben des Mannes Jesus von Nazareth, mit dem Gott sich identifiziert hat."[39] Jesus hat für alle Menschen gelitten, nicht damit wir in unserem Leiden Sinn finden oder gar das Leid suchen sollten, sondern damit wir die Sinnlosigkeit des Leidens einsehen und aushalten können.

Der Gott der christlichen Theologie ist ein mitleidender und mitgehender Gott. Das ist für das Krankheitsbewusstsein eines Menschen und für die Bewältigung des Leidens von entscheidender Bedeutung. Es ist Aufgabe der Seelsorge, dieses deutlich herauszustellen. Das Kreuzesgeschehen Jesu Christi ist für die Frage nach der Beziehung zwischen Gott und dem Leiden entscheidend. Denn Gottes grundlegende Eigenschaft ist die Liebe, von der aus auch seine Gerechtigkeit und Allmacht zu verstehen sind. Gott hat sich selbst zum Bund, zur Gemeinschaft mit dem Menschen bestimmt, dessen Vollzug die Liebe ist. In dieser freien Beziehung zum Menschen leidet Gott am Bösen, das die Beziehung in Frage stellt. Gott leidet aus Liebe. Er leidet am Menschen und mit dem Menschen und bewährt in diesem Leiden seine

---

[38] Vgl. U. Eibach, Der leidende Mensch vor Gott, S. 36f.
[39] M. Josuttis, Praxis des Evangeliums, S. 129.

15

Treue zu seinem Bundesversprechen.[40] Gott leidet also insofern, als er mit seinem Geschöpf in Beziehung steht, weil er in seiner Liebe treu ist und bleibt. „Der Tod Jesu Christi ist also die besondere Form der Durchsetzung und die endgültige Bewährung des Bundes angesichts der Sünde und des Leidens."[41] Gott ist also besonders im Leiden da und mit den Leidenden.

Gleichzeitig ist das Leiden aber auch insbesondere der Ort der Infragestellung der Gottesnähe. Es wird damit zum Ort der Anfechtung des Glaubens, der Ort der Erfahrung der Gottverlassenheit. Die besondere Gottesnähe im Leiden wird schließlich durch das Kreuz Christi begründet. Zum einen leidet Gott selbst in seinem Sohn, zum anderen hat Gott Christus durch die Auferweckung von den Toten zu einem Leben mit Gott geführt. Darin zeigt sich, dass das Kreuz sein Ziel in der Auferweckung der Toten hat. Ohne diese Auferweckung wäre das Kreuz lediglich ein Symbol der Ohnmacht.[42] „Dass Gott nicht teilnahmslos auf die Not der Menschen herabschaut, sondern sich in Jesus Christus Schmerzen und Tod selbst nicht erspart hat, qualifiziert das Leiden der Christinnen und Christen neu. Der im Neuen Testament formulierte eschatologische Vorbehalt, dass das Heil ‚schon jetzt' angebrochen, aber ‚noch nicht' zur Vollendung gekommen ist, gewährt den Raum für die theologische Interpretation der Leiderfahrungen als Teilhabe an den Leiden Christi. Diese Teilhabe tröstet, weil sie als Garant der Teilhabe auch an seinem zukünftigen Leben verstanden wird."[43]

Der kranke Mensch darf und soll sogar klagen. Indem er gegen die Krankheit protestiert, ist der erste Schritt zur Überwindung der Krankheit bereits getan. Der Sinn der Krankheit ist ihre Überwindung. Überwinden heißt aber nicht, dass die Krankheit verleugnet oder bagatellisiert wird, sondern dass ihre Herrschaft eingegrenzt und neue Hoffnung aufgebaut wird.[44] Schon in den alttestamentlichen Psalmen klagen die Menschen ihr Leid vor Gott, ohne aber, und das ist das Entscheidende, es zu erklären. In der Klage meldet ein Mensch, wie er sein Leid empfindet. „In der Klage akzeptiert er die Erbärmlichkeit seiner Lage, indem er an die Barmherzigkeit Gottes appelliert."[45] Indem der

---

[40] Vgl. U. Eibach, Der leidende Mensch vor Gott, S. 46.
[41] ebd., S. 47.
[42] Vgl. ebd., S. 51.
[43] H. Eschmann, Theologie der Seelsorge, S. 146.
[44] Vgl. hierzu J. Ziemer, Seelsorgelehre, S. 276f.
[45] M. Josuttis, Praxis des Evangeliums, S. 135.

Mensch klagt, weigert er sich, die Herrschaftsmächte der Gegenwart als endgültig anzuerkennen.

Die Klage ist auch für den Menschen möglich, der nicht in Verbindung zur Kirche steht. Er wird die Sprache der Klagen in den Psalmen zwar nicht unbedingt verstehen, aber indem er sein Leid dem Seelsorger klagt, schafft er seinen Gefühlen angesichts der Erfahrung sinnlosen Leids sprachlichen Ausdruck. So steht er, ohne dass überhaupt ein Bibelwort fällt, in der biblischen Tradition. „Im Protest gegen Krankheit und Leid meldet sich auch ohne bewussten Bezug zur Bibel und Kirche der von Gott gebotene Wille zum Leben.“[46] Das hat Konsequenzen für die Seelsorge. Es geht nicht darum, dem Kranken die Sinnlosigkeit durch tiefsinnige metaphysische Deutungsbemühungen sinnvoll darzulegen, sondern es könnte versucht werden, gemeinsam mit dem Kranken zu entdecken, inwiefern das Bestehen in der Krankheit für ihn einen Sinn ergeben könnte. Damit wird Seelsorge zu einem Prozess der Sinnsuche und sie kann bei jedem einzelnen anders aussehen. Das Erleiden der Krankheit hat dann Sinn, wenn es gelingt, neue Ebenen der Erkenntnis und der inneren Erfahrung zu erschließen. Krankheit kann zu einer Selbstbegegnung neuer Art führen, sie kann zur Reifung verhelfen und dazu, das Maß zu akzeptieren, das dem Einzelnen zugemessen ist, nämlich das Unabänderliche anzunehmen, das Mögliche dankbar zu ergreifen (2 Kor 12,9).[47]

IV. Das Profil der Krankenhausseelsorge

Das Erscheinungsbild und das Selbstverständnis der Seelsorge im Krankenhaus hat sich tiefgreifend in den letzten Jahrzehnten verändert. Das Krankenhaus ist zu einer Großinstitution geworden, die sich in eine Fülle von Unterabteilungen spezialisiert und ausdifferenziert hat. Daher wird von der Krankenhausseelsorge ein differenziertes Eingehen auf die ganz unterschiedlichen Lebens-, Krankheits- und Behandlungsbedingungen der Patienten erwartet.

Die Kirche und die christliche Lebensbedeutung werden in der heutigen Gesellschaft im Rahmen der Pluralisierung aller Lebensbereiche immer mehr zu einem Teilsystem, das sich gegenüber anderen Systemen behaupten muss,

---

[46] Vgl. M. Josuttis, Praxis des Evangeliums., S. 136.
[47] Vgl. J. Ziemer, Seelsorgelehre, S. 277.

da die Kirche ihre frühere Monopolstellung verloren hat. Das verlangt von der Seelsorge entsprechende Konsequenzen.

Humanwissenschaftliche Erkenntnisse und psychotherapeutische Behandlungstechniken, die aus der Seelsorgebewegung der USA übernommen wurden und die Pastoralpsychologie wurden für die Seelsorge fruchtbar gemacht. Sie haben das theologische Selbstverständnis und das methodische Repertoire der Krankenhausseelsorge erheblich verändert.[48]

Nach einer Formulierung der Konferenz der Krankenhausseelsorge in der EKD von 1994 geschieht „Seelsorge im Krankenhaus im kirchlichen Auftrag in ökumenischer Verantwortung. Sie stellt einen eigenständigen kirchlichen Arbeitszweig mit spezifischen Gegebenheiten und Erfordernissen dar und ist nicht eine Variante von Gemeindeseelsorge."[49]

Daher ist Seelsorge im Krankenhaus weit mehr als der traditionelle seelsorgerliche Besuch einzelner kranker Menschen durch Vertreter der jeweiligen Kirchengemeinde. Sie richtet sich an Menschen, die durch Krankheit oder Unfall in eine Krise geraten sind, sowie an deren Angehörige und Freunde; an Menschen, die in der naturwissenschaftlich-technischen Institution direkt oder indirekt mit oder für die Patienten arbeiten und an die Institution selbst, ihre Zielsetzung und Struktur, ihr Betriebsklima, ihre ‚Patientenorientierung'.[50]

IV.1. Aufgaben und Funktionen der Seelsorge im Krankenhaus

Die grundsätzliche Möglichkeit zu seelsorgerlichen Angeboten im Krankenhaus, aber auch in anderen Pflegeeinrichtungen ist verfassungsrechtlich geregelt.[51] Das Grundrecht auf freie Ausübung der Religion ist in zwei Richtungen zu deuten: als negative und als positive Religionsfreiheit.[52] Negativ in dem Sinne, dass niemand zu einer bestimmten Praxis der Religion oder zur Mitgliedschaft in religiösen Gemeinschaften

---

[48] Vgl. M. Klessmann, Handbuch der Krankenhausseelsorge, S. 9.
[49] ebd., S. 13.
[50] Vgl. ebd.
[51] Art. 4 Abs. 1 GG: „Die Freiheit des Glaubens, des Gewissens und die Freiheit des religiösen und weltanschaulichen Bekenntnisses sind unverletzlich."; Art.140 (WV 141) GG: „Soweit das Bedürfnis nach Gottesdienst und Seelsorge im Heer, in Krankenhäusern, Strafanstalten oder sonstigen öffentlichen Anstalten besteht, sind die Religionsgesellschaften zur Vornahme religiöser Handlungen zuzulassen, wobei jeder Zwang fernzuhalten ist."
[52] Vgl. T. Roser, Spiritual Care, S. 245f.

gezwungen werden darf. Das bedeutet für die Seelsorge im Krankenhaus, dass sie immer nur ein Angebot darstellen kann. Ob dieses vom Patienten angenommen oder abgelehnt wird, ist seine freie Entscheidung. Ob also ein seelsorgerlicher Kontakt zustande kommt, liegt rechtlich in der Autonomie des Patienten begründet. Positive Religionsfreiheit bedeutet, dass jeder Mensch das Recht hat, seine eigene Religion in der von ihm entsprechenden Weise auszuüben. Es gehört zu den Pflichten des Staates, die Voraussetzungen für eine freie Ausübung der Religion zu schaffen, sofern es nicht zu einem Konflikt mit anderen Grundrechten oder den Grundrechten anderer kommt. Für das Krankenhaus bedeutet das, dass niemandem die Möglichkeit zu seelsorgerlichem Kontakt vorenthalten werden darf.[53]

Die Aufgabenbereiche der Seelsorge im Krankenhaus erweisen sich als sehr vielschichtig. Dazu gehören: Seelsorgerliche Gespräche mit den Patienten, Begleitung und Beratung von Angehörigen und Mitbetroffenen, Vertretung von Patienteninteressen („Vermittlung") gegenüber dem Personal, den Angehörigen, anderen Patienten und der Verwaltung, Kooperation mit dem ärztlich-pflegerischen Personal, Beratung und Seelsorge für das Krankenhauspersonal, Gottesdienste, Abendmahlsfeiern, Krankensegnungen, Krankensalbungen und Amtshandlungen wie Taufen und Beerdigungen, Gesprächsgruppen für Patienten und kulturelle Angebote sowie Mitwirkung bei ethischen Problemstellungen, Mitarbeit im Krankenpflegeunterricht bzw. bei der Fortbildung des Pflegepersonals, Kontakte zur Krankenhausverwaltung einerseits, zu örtlichen Kirchengemeinden und Synoden andererseits, Gewinnung und Begleitung ehrenamtlicher Mitarbeiter für die Krankenhausseelsorge sowie Öffentlichkeitsarbeit, in der unter anderem die gesellschaftliche Verdrängung von Krankheit und Sterben und die Notwendigkeit eines ganzheitlichen Umgangs mit menschlichem Leben und ein entsprechend veränderter Krankheits- und Gesundheitsbegriff thematisiert wird.[54]

Im Gegensatz zum Krankenhaus, das nur die Krankheit und nicht unbedingt den Menschen als individuelles Wesen im Blick hat, konzentriert sich die

---

[53] Vgl. T. Roser, Spiritual Care, S. 246.
[54] Vgl. M. Klessmann, Handbuch der Krankenhausseelsorge, S. 14; L. Simon, Einstellungen und Erwartungen der Patienten im Krankenhaus gegenüber dem Seelsorger, S. 20f.

Seelsorge im Krankenhaus gerade auf den Menschen, der krank ist. Die Medizin arbeitet objektiv und daher steht nicht der kranke Mensch mit seinem sozialen Umfeld, sondern nur seine Krankheit in abstrahierter und vom individuellen Leiden losgelöster Form im Zentrum der Arbeit. Damit spielen die Emotionen des Patienten und der Umgang mit seiner Krankheit sowie deren Bewältigung in der Medizin eher eine hintergründige Rolle. Um mit ihrer Arbeit emotional selber fertig zu werden, müssen sich Ärzte und Pflegepersonal sogar von ihrer Arbeit und dem Leiden der Patienten lösen. An dieser Stelle setzt die Seelsorge an. Sie hat einen anderen Auftrag als die Medizin. Sie will und kann zwischen Person und Krankheit nicht trennen, sondern das eine steht in Beziehung zum anderen. Der sich krank und hilfsbedürftig fühlende Patient steht im Mittelpunkt der Seelsorge. Egal, welche Krankheit den Menschen getroffen hat, er ist immer ein Mensch, der aus seinen gewohnten Lebensbezügen geworfen ist, der von seiner Familie, seiner Arbeit getrennt ist und der nicht mehr mit eigener Anstrengung so kann, wie er eigentlich gerne wollte und damit, in welcher Form auch immer, an Grenzen gestoßen ist.[55] Daher ist es Aufgabe der Seelsorge, den Menschen im Krankenhaus im Geflecht der vielfältigen Bezüge zu sehen und zu verstehen. „Als [ganzer Mensch in seiner Komplexität seines Seins] ist er/sie Subjekt der Seelsorge und das heißt, dass ausgehend von Lebenssituation, biographischem Hintergrund, Körper- und Selbstverständnis, Lebenseinstellung und Glauben und anderen subjektiven Prämissen in der Krise der Krankheit nach seelsorgerlicher Begegnung bzw. Begleitung gefragt werden muss."[56]

M. Klessmann weist darauf hin, dass in diesem erweiterten Blickwinkel sowohl eine Chance aber auch eine Gefahr für die Seelsorge besteht. Eine Chance in dem Sinne, dass die Seelsorge eine notwendige Ergänzung und Korrektur der medizinischen Perspektive sein kann. Das kann sie aber nur, wenn Seelsorger sich auf einzelne Menschen, einzelne Patienten einlassen und sich Zeit und Energie für die einzelnen nehmen können. Die Gefahr dabei ist, dass der Ansatz zum einen so unspezifisch sein kann, dass Seelsorge dadurch kein Profil gegenüber anderen Berufsgruppen gewinnt und schließlich, dass die traditionelle Ausrichtung der Seelsorge, nämlich flächendeckend zu arbeiten, ein Sich-Einlassen auf den Einzelnen geradezu verhindert. Die

---

[55] Vgl. M. Klessmann, Die Stellung der Krankenhausseelsorge in der Institution Krankenhaus, S.36.
[56] E. Naurath, Seelsorge als Leibsorge, S. 153.

einzige Möglichkeit dieser Misere aus dem Weg zu gehen, wäre die Mitarbeit von Ehrenamtlichen, da die Hauptamtlichen eine flächendeckende Arbeit allein nicht leisten können.[57]

Die Trennung von Person und Krankheit durch die naturwissenschaftliche Medizin führt dazu, dass die Krankheit mit nahezu allen Mitteln beseitigt werden muss, sonst gilt der Kampf gegen die Krankheit als verloren. Denn in dieser Sicht wird die Krankheit als Störung der betroffenen Person angesehen, als eine Einschränkung und Behinderung der Funktionstüchtigkeit, die behoben werden muss, damit der Mensch in der Leistungsgesellschaft wieder eine Existenzberechtigung hat.[58]

Der Seelsorge dagegen geht es nicht vordergründig um die Beseitigung der Krankheit, sondern sie will mithelfen, dass Menschen besser verstehen, was in der Krise ihrer Krankheit mit ihnen geschieht. Es geht darum, dem Kranken zu Anfang im Wahrnehmen der Krankheit zu unterstützen und dann schließlich ihm beim Widerspruch oder beim Annehmen der Krankheit zu helfen. Das tut der Seelsorger, indem er dem Kranken zuhört und für ihn da ist und ihm dann vielleicht eigene Deutungen anbietet. Die Seelsorge hat damit zum Ziel, die Krankheit anzuschauen, sie zuzulassen und in ihrer Bedeutung für das jeweilige Leben des Kranken zu begreifen.[59]

IV.2. Die Stellung der Seelsorge im Krankenhaus – systemische und organisationale Aspekte

Der Rahmen, in dem Krankenhausseelsorge in der Organisation Krankenhaus ihre Ausprägung und Gestalt findet, wird durch verschiedene Voraussetzungen bestimmt.

Einmal durch die dualistische Entwicklung der modernen Medizin in eine vorherrschende biologische Richtung und eine nachgeordnete psychologische Medizin. Die biologische ist dadurch gekennzeichnet, dass sie über ein immer stärker spezialisiertes Wissen über den Körper verfügt, wobei der Patient in Bezug auf seine Persönlichkeit und psychosozialen und soziokulturellen Hintergründe immer mehr in den Hintergrund rückt. Die psychologische Medizin dagegen ist gekennzeichnet durch ein immer stärker spezialisiertes

---

[57] Vgl. M. Klessmann, Die Stellung der Krankenhausseelsorge in der Institution Krankenhaus, S. 37.
[58] Vgl. ebd., S. 38.
[59] Vgl. ebd., S. 39f.

und fragmentiertes Wissen über psychodynamische und psychosomatische Prozesse im Kranken und seines Umfeldes. Das hat zur Folge, dass der Patient in der modernen Medizin dualistisch definiert wird. Entweder wird er als ein organmedizinisches Objekt oder eine psychosomatische Entität definiert.[60] Des weiteren ist der Rahmen der Seelsorge durch die Struktur des modernen Krankenhauses bestimmt. Medizinisches Handeln ist in die Prozesse der Bürokratisierung, Formalisierung und Arbeitsteilung in der Patientenversorgung eingebettet. Das wiederum hat Auswirkungen auf die Arbeitssituation der Ärzte und des Pflegepersonals mit den spezifischen Charakteristika eines permanenten Zeitdrucks, einer chronischen Arbeitsüberlastung und einer schwer zu übersehenden Personalplanung, die wenig Zeit lässt für individualisierende Interaktionen zwischen den Ärzten und Kollegen bzw. zwischen den Ärzten und Pflegegruppen und natürlich auch zwischen Ärzten, Pflegepersonal, Patienten und ihren Angehörigen.[61]

Die Seelsorge ist ebenfalls durch die soziokulturelle Stellung des modernen Krankenhauses geprägt. Das Krankenhaus hat zum Ziel, Menschen zum Zwecke der Veränderung ihres Zustandes im Sinne des Heilens von Krankheiten oder zumindest der Linderung und Minderung von Krankheitsleiden aufzunehmen. Das Krankenhaus gerät in Distanz zur Gesellschaft, weil es zwar mit der Gesamtkultur über den Wert von Gesundheit und Humanität und Hilfe verbunden ist, seine Tätigkeit aber in relativer Isolation von dieser durchführt. Daher versteht H. Friedrich das Krankenhaus als Subkultur bzw. Sonderkultur mit einem spezialistischen Wertsystem. „Die Sonderkultur wird beherrscht vom Prinzip der naturwissenschaftlichen Rationalität und der Entemotionalisierung als funktionaler Voraussetzung für die Aufgabendurchführung, das die Kranken in besonderer Weise trifft, weil sie durch Krankheit und die Einweisung ins Krankenhaus von ihren eigentlichen emotionalen Bereichen abgetrennt und daher im hohen Maße emotional bedürftig sind, so dass wir hier von einer Antinomie des Krankenhauses sprechen müssen, in der zum Zwecke des Helfens eine Affektneutralität entwickelt wird, die zumeist die Wurzel des Vorwurfs über die Inhumanität dieser Einrichtung beinhaltet.“[62]

---

[60] Vgl. H. Friedrich, Die Klinikseelsorgerin und der Klinikseelsorger im Dickicht von Zweckrationalität und Krankenhaussubkultur, S. 165.
[61] Vgl. ebd., S. 166.
[62] Ebd., S. 166.

Das Krankenhaus stellt eine naturwissenschaftlich, medizinisch-technisch orientierte bürokratische Institution dar, die zur Erfüllung seiner Aufgaben spezielle Rollen und Funktionen braucht. In diesem System, so M. Klessmann, kommt Krankenhausseelsorge nicht vor. Meistens ist die Kirche und nicht das Krankenhaus der Arbeitgeber des Seelsorgers, daher wird das Arbeitsfeld der Seelsorge oft nur von Menschen wahrgenommen, die sich damit kaum auskennen. Das eröffnet Seelsorgern große Freiheiten – als Chance und Schwierigkeit zugleich.[63]

Dass die Krankenhausseelsorge den besonderen Bedingungen des Krankenhauses unterliegt bzw. durch das Krankenhaussystem mitbestimmt wird, hat für die Seelsorge Konsequenzen. Wenn sie nicht in Konflikt geraten wollen, müssen sich Krankenhausseelsorger dem durch diagnostische, therapeutische und betriebliche Vorgänge festgelegten Tagesablauf anpassen, sie sind angewiesen auf den Kontakt und Austausch mit den an der Therapie beteiligten Mitarbeitern des Krankenhauses. Sie treffen in den Patienten Menschen an, die ihrer gewohnten Umgebung entnommen sind und nun abhängig sind von den verordneten Maßnahmen, von medizinischer Kunst und pflegerischer Zuwendung.[64]

Das System Krankenhaus arbeitet nach Prinzipien der Zweckrationalität und zunehmend der Wirtschaftlichkeit. Dadurch wird der „subjektive Faktor" in den Hintergrund gedrängt. Den kommunikativen Bedürfnissen der Patienten nach Zeit für Zuwendung und Gesprächen wird immer weniger Gewicht beigemessen. Das Subsystem Krankenhausseelsorge arbeitet dagegen gezielt mit dem subjektiven Faktor: Kommunikative Bedürfnisse und emotionale Zuwendung stehen im Vordergrund. Der Konflikt aus diesen unterschiedlichen Zugangsweisen führt dazu, dass sich Seelsorger oft im Krankenhaus als fremd und störend erleben. Daher bedarf es immer neuen Anstrengungen zur Kooperation von Krankenhaus und Seelsorgern.[65] Denn die Seelsorge kann nicht als wirtschaftlicher Faktor verstanden werden, der allein auf eine Kosten-Nutzen-Relation aus ist. Die Aufgabe der Seelsorge besteht gerade darin, dass sie hilft, fremde und auch eigene Hilflosigkeit auszuhalten und zu verarbeiten.

---

[63] Vgl. M. Klessmann, Handbuch der Krankenhausseelsorge, S. 15.
[64] Vgl. G. Scharffenorth/A.M.K. Müller, Patienten-Orientierung als Aufgabe, S. 291.
[65] Vgl. M. Klessmann, Handbuch der Krankenhausseelsorge., S. 15f.

Dies ist aber schwer transparent zu machen und steht erst einmal quer zu allen anderen institutionellen Abläufen im Krankenhaus.[66]

Wie bereits oben erwähnt garantiert das Grundgesetz die Seelsorge im Krankenhaus. Aber die tatsächliche Bedeutung der Krankenhausseelsorge entspricht dieser gesicherten Rechtsstellung kaum. Seelsorge ist kein Bestandteil der Zielvorstellungen der medizinisch-technischen Institution Krankenhaus. Diese bestehende Spannung müssen die Seelsorger selbst austragen. Die kirchlichen Anstellungsträger gehen von der gesicherten Rechtsstellung aus, daher halten sie eine Absprache über die Arbeit der Seelsorge mit dem Krankenhaus vielfach für unnötig. Erst in den letzten Jahren werden Arbeitsplatz- und Aufgabenbeschreibungen von den Landeskonventen für Krankenhausseelsorge formuliert und eingefordert.[67] Verlässlichkeit und Kontinuität der Seelsorge leiden unter dieser Sachlage.[68]

Die seelsorgerliche Begleitung von Patienten im Krankenhaus unterscheidet sich wesentlich von der Begleitung kranker Menschen in deren Zuhause. Das Krankenhaus als totale Institution funktionalisiert kranke Menschen: Patienten müssen einen Teil ihrer Persönlichkeitsrechte aufgeben, eine weitgehende Aufhebung ihres Privat- und Intimbereichs akzeptieren und Momente struktureller Gewalt (wie z.B. die hierarchische Struktur, Informationsdefizite etc.) hinnehmen.[69] Den Seelsorgern kommt deshalb vermehrt die Aufgabe zu, sich zu Fürsprechern und Anwälten der Patienten zu machen, die im System besonders vernachlässigt und an den Rand geschoben werden. Ebenso ist eine Zusammenarbeit mit dem Pflegepersonal unerlässlich. Der Zugang zu Patienten hängt in hohem Maße von der Akzeptanz des Seelsorgers durch das Pflegepersonal ab. Auch ein Gespräch mit Stationsärzten kann die Qualität der Seelsorge verbessern. Aufgrund der Arbeitsüberlastung und der rein

---

[66] Vgl. M. Klessmann, Die Stellung der Krankenhausseelsorge in der Institution Krankenhaus, S. 33.
[67] So ist es bspw. in Hamburg geschehen, wie mir eine Krankenhausseelsorgerin bestätigt hat. Die in Hamburg tätigen Seelsorger gehen ihrer Arbeit gemäß der „Ordnung für die Krankenhausseelsorge des ev.-luth. Kirchenkreisverbandes Hamburg" in der Nordelbischen ev.-luth. Kirche nach. So haben die Seelsorger Leitlinien an der Hand.
[68] Vgl. M. Klessmann, Handbuch der Krankenhausseelsorge, S. 17.
[69] siehe oben II.1.

somatisch-medizinischen Perspektive von Seiten vieler Ärzte erweist sich dies aber mehr als schwierig.[70]

Die Kommunikation des Evangeliums von der Liebe Gottes ist Ausgangs- und Zielpunkt der Seelsorge im Krankenhaus. Aber wie das Evangelium zum Ausdruck kommt, wird unterschiedlich bestimmt, je nach Seelsorgekonzept. In jüngerer Zeit entwickelt sich eine Seelsorge, die sich als Begleitung und Anregung für spirituelle Erfahrungen versteht. In der Krise der Krankheit werden auf neue Weise Symbole und Rituale aus der christlichen Tradition, aber auch solche aus anderen Religionen mit ihrer lebenserschließenden Kraft wichtig. Die Menschen sollen dadurch die Möglichkeit bekommen, ihr Leben als Teil eines umfassenderen Zusammenhangs zu begreifen und aus dieser Einsicht Kraft zur Orientierung und Bewältigung ihrer Krankheit zu schöpfen. Dem liegt oft ein verändertes Gottesbild zugrunde: Gott wird jetzt als Grund und Quelle und nicht mehr als personal-transzendent gedacht, mit dem in Kontakt zu kommen, tröstend und stützend sein kann.[71]

Die Frage nach Spiritualität im Gesundheitswesen, wie sie in diesem neueren Seelsorgekonzept von Bedeutung ist, ist nicht primär religionswissenschaftlich oder religionssoziologisch geprägt, sondern gilt hauptsächlich der Förderung subjektiver Lebensqualität von Patienten.[72] Das Interesse bezüglich der individuellen Spiritualität orientiert sich weniger an den institutionalisierten Formen von Religion, so T. Roser, sondern an den persönlichen Glaubensvorstellungen und ihrer Bedeutung für Lebenssinn, Deutungsarbeit und Krisenbewältigung.[73] „Im Interesse an der Patientenautonomie verbinden sich dabei medizinisch-therapeutisches, juristisches und seelsorgerliches Interesse als Interesse an der individuellen Spiritualität, in aktuell geläufiger theologischer Sprache formuliert an gelebter Religion und ihre Bedeutung in der letzten Lebensphase schwerkranker Patienten."[74] Durch Verwendung von Begriffen wie ‚spirituelles Bedürfnis', ‚spirituelle Ressourcen' und ‚spirituelle Begleitung' wird im Krankenhaus dafür Sorge getragen, dass auch in der Situation einer lebensbedrohlichen Erkrankung der Patient nicht nur den

---

[70] (Diese Problematik bestätigte sich mir in Gesprächen mit Krankenhausseelsorgern. Der Seelsorger muss sich bei den Ärzten seinen Status meist sehr hart erarbeiten, wobei der Umgang mit dem Pflegepersonal als selbstverständlich angesehen wurde.) - vgl. M. Klessmann, Handbuch der Krankenhausseelsorge, S. 18.
[71] Vgl. M. Klessmann, Handbuch der Krankenhausseelsorge, S. 19f.
[72] Vgl. T. Roser, Spiritual Care, S. 250.
[73] Vgl. ebd.
[74] Ebd.

Medikamenten ausgeliefert ist und auch nicht der medizinischen Diagnostik und Prognostik im totalen System Krankenhaus überlassen wird.[75]

Die Motivation zum Pfarramt bzw. zur Seelsorge ergibt sich meist aus dem Wunsch, Menschen helfen zu wollen. Diese Helferrolle ist aber gerade problematisch. Sie erfährt in der Seelsorge im Krankenhaus eine doppelte Infragestellung. Zum einen sind hier die Erfahrungen von Hilflosigkeit und Ohnmacht besonders ausgeprägt. Häufig besteht die Aufgabe des Seelsorgers gerade darin, die fremde und die eigene Hilflosigkeit auszuhalten und gerade darin hilfreich zu sein. „Seelsorge kommt ohne Instrumentarium, ihre Grundfunktion besteht im Dasein, im Mitgehen, im Begleiten, im Wahrnehmen und Annehmen – angesichts der ‚Ideologie des Machens‘, wie sie im Krankenhaus vorherrscht, eine große Chance und zugleich eine schwere Aufgabe, nicht zuletzt, weil ihre Auswirkungen so wenig nach außen hin vorzeigbar sind."[76] Zum anderen lernt jeder Seelsorger nach langer Tätigkeit die Ambivalenz des Helfen-wollens kennen. Das Helfen ist nicht immer unbedingt auf den anderen gerichtet, sondern dient oft auch dazu, sich selbst zu entlasten. Diese Einsicht kann verunsichern, kann aber auch eine Einsicht in die eigene Begrenztheit und Bedürftigkeit darstellen.[77] Der Seelsorger ist schließlich auch nur ein Mensch mit Emotionen. Man kann nicht auf alles eine Antwort haben und sollte die Sprachlosigkeit und die Verzweiflung angesichts des Leidens anderer auch zulassen können. Dies bedeutet für den Seelsorger eine unglaubliche Belastung. Vor allem aus theologischer Sicht hat er die Spannung auszuhalten. Die Absurdität und Sinnlosigkeit vieler Krankheits- und Sterbefälle und die von vielen Patienten geäußerte Theodizee-Frage stellen die Seelsorger immer wieder in die Spannung zwischen der geglaubten und behaupteten Liebe Gottes einerseits und der häufigen Erfahrung seiner Abwesenheit oder seines Zornes andererseits. Der strukturelle Aspekt dieser Polarität besteht darin, dass Medizin und Religion unterschiedlich damit umgehen. Die naturwissenschaftlich orientierte Medizin arbeitet nach dem Kausalprinzip. Es geht darum, Vorgänge zu analysieren und ‚Probleme‘ zu beheben. Person und Krankheit werden dabei meist getrennt. Die Religion dagegen versteht und deutet Krankheit als Bestandteil eines größeren Zusammenhangs, dessen möglicher Sinn nicht gleich auf der Hand liegt und

---

[75] Vgl. T. Roser, Spiritual Care, S. 252.
[76] M. Klessmann, Handbuch der Krankenhausseelsorge S. 23.
[77] Vgl. ebd.

den es vielmehr im Gespräch zu erschließen gilt, soweit es denn möglich ist. Die Konflikte, die so zwischen Medizin und Seelsorge entstehen sind unvermeidlich, aber sie sind auch notwendig. Denn der Seelsorger hat hier die Aufgabe, eine andere Sicht vom Menschen in der Institution Krankenhaus immer wieder ins Gespräch zu bringen.[78]

M. Klessmann versteht Seelsorge im Krankenhaus als Zwischen-Raum. Die Seelsorge gehört damit nicht zur Institution des Krankenhauses dazu, sondern wird als etwas Eigenständiges gesehen. Seelsorge geschieht nach Klessmann zwischen Kirche und Krankenhaus, zwischen gesicherter Rechtsstellung und struktureller Bedeutungslosigkeit, zwischen Patienten und Mitarbeiterschaft, zwischen Verkündigung und Beziehung, zwischen Alltagsgespräch und Psychotherapie, zwischen Professionalität und Betroffenheit, zwischen Macht und Ohnmacht sowie zwischen Krankheit und Gesundheit, Leben und Tod.[79] Die Seelsorge ist in diesem Leitbild weitgehend von der Institution Krankenhaus unabhängig. Sie kooperiert mit den Patienten, den anderen Berufsgruppen und der Krankenhausleitung, arbeitet aber unabhängig von ihnen. Die Rolle in diesem Zwischen-Raum ermöglicht Freiheit und Flexibilität in der Gestaltung der eigenen seelsorgerlichen Tätigkeit. C. Schneider-Harpprecht sieht dieses Leitbild von Klessmann kritisch, weil „damit ihre strukturelle Marginalität festgeschrieben wird. Rolle und Funktion der Seelsorge bleiben für die MitarbeiterInnen und PatientInnen des Krankenhauses letztlich undurchschaubar. Für die Beteiligten ist nicht deutlich, inwiefern sich Seelsorge mit den Zielen des Unternehmens Krankenhaus identifiziert, welcher Beitrag hier von ihr erwartet werden kann, wie er sich dem Beitrag der anderen Berufsgruppen im Krankenhaus zuordnet und wie diese systematisch mit der Krankenhausseelsorge kooperieren können."[80]

T. Roser weist darauf hin, dass überall dort, wo ethische, theologische und pastoralpsychologische Kompetenz gefragt ist, Seelsorge zunehmend in die Institution des Krankenhauses eingebunden wird, so z.B. bei innerbetrieblichen Fortbildungen und berufsethischen Unterricht an

---

[78] Vgl. M. Klessmann, Handbuch der Krankenhausseelsorge, S. 25.
[79] Vgl. ebd., S. 14.
[80] C. Schneider-Harpprecht, Das Profil der Seelsorge im Krankenhaus, S. 427f.

Krankenpflegeschulen. Somit ist Seelsorge disziplinenübergreifend in das Krankenhaus eingebunden.[81]

Die Seelsorge repräsentiert innerhalb der Organisation Krankenhaus ein Funktionssystem, das sich in einer Spannung zum rational-naturwissenschaftlichen System befindet. Die Seelsorge bietet daher ein ganz bestimmtes Wirklichkeitsverständnis an, so T. Roser, und spricht eine im sonstigen Klinikbetrieb unübliche Sprache. Insbesondere durch explizit religiöse Kommunikation, wie z.b. Gottesdienste, Gebete, Segen, ermöglicht sie allen Beteiligten Distanznahme und Relativierung von vorherrschenden sozialen (naturwissenschaftlichen) Semantiken.[82] Daher kommt der Seelsorge innerhalb des sozialen Systems zunächst entlastende und stabilisierende Funktion zu. Sie ist ein Ort, an dem Konflikte zwischen System konformem Handeln der Berufstätigen und davon abweichendem Denken der Privatpersonen sowie Störungen ausgetragen werden können. Anderseits hat sie aber auch eine das soziale System verändernde Funktion. Durch psychologische und pastorale Kompetenzen und als Sachkundige in nicht-medizinischen Fragen birgt sie einen Unruhefaktor, der auf verdrängte Aspekte aufmerksam macht.[83]

Es hat in den letzten Jahren mehrfach Versuche gegeben, Ansätze systemischer Beratung und Therapie für die Seelsorgepraxis fruchtbar zu machen oder diese mit Hilfe der Systemtheorie theoretisch zu durchdringen.[84] Noch zeichnet sich aber keine einheitliche Linie ab, wirft T. Roser ein, die es zuließe, ‚Systemische Seelsorge' als Gesamtbeschreibung für die diversen Entwürfe gelten zu lassen. Die Entwürfe teilen aber eine kritische Einstellung gegenüber der psychoanalytisch orientierten Seelsorgelehre insofern, als sich diese auf die Betrachtung der Interaktion der Seelsorge als Gespräch konzentriert.[85] Damit ergibt sich für eine systemische Betrachtung von Seelsorge in Gesundheitseinrichtungen, dass der Seelsorger in seiner Teilnahme an der Kommunikation wahrgenommen wird, welche die seelsorgliche Interaktion mit Patienten mit einschließt, aber weit über sie hinaus geht. Die zwei Typen seelsorgerlichen Handelns, nämlich Gespräch und rituelles Handeln, sind somit als ein eigenständiger Beitrag des durch die

---

[81] Vgl. T. Roser, Spiritual Care, S. 254f.
[82] Vgl. ebd., S. 256.
[83] Vgl. ebd., S. 256.
[84] so z.B. M. Ferel, ‚Willst du gesund werden?' – Das systematische Verständnis von Krankheit und Heilung als Orientierung für die Seelsorge, in: WzM 48 (1996), S. 359-374.
[85] Vgl. T. Roser, Spiritual Care, S. 257.

Seelsorgeperson repräsentierten Funktionssystems Religion zu werten, der keineswegs systemfremd bleibt, sondern neben anderen Beiträgen in die Selbstregulierung des Systems einfließt und seiner Stabilisierung dient, so Roser.[86] Daraus folgert Roser, dass die Beschreibung Klessmanns der Seelsorge als Zwischen-Raum der Komplexität des Krankenhauses und damit auch der Seelsorge nicht gerecht wird. „Was Klessmann mit dem Begriff des Zwischenraums beschreibt, trifft bei genauerer Prüfung in abgestufter Weise auch auf die anderen Professionen im Krankenhaus zu, die allesamt in systemischen Zusammenhängen auch außerhalb des klinischen Kontexts stehen. Gerade die Differenzen zwischen den Professionen und ihren Repräsentanten führen zum erhöhten Bedarf an Kommunikation in der Organisation. Der eigenständige Beitrag von Seelsorgern zu dieser Kommunikation [...] hat in den letzten Jahren dazu geführt, dass Seelsorge in zunehmendem Maße als systemimmanente Leistung des Krankenhauses betrachtet wird."[87] Demzufolge stellt Roser fest: „Offensichtlich verändert sich die Einschätzung der strukturellen Einbindung von Seelsorge im sozialen System Krankenhaus. Die eigentliche Neuerung in der Begründung von Seelsorge besteht darin, dass nicht mehr allein vom Recht des Patienten auf seelsorgliche Begleitung als Konkretion der Religionsfreiheit her argumentiert wird, sondern ein institutionelles und nach Kriterien einer Institution (Qualitätsmanagement) zu beschreibendes Interesse angeführt wird, das seinerseits konsequent patientenorientiert ist in dem Sinne, dass die subjektive Zufriedenheit und Lebensqualität von Patienten zentrale Bedeutung für das Verständnis von Qualität haben."[88] In diesem Zusammenhang verweist Roser auf H. Duesberg, der nicht nur die Team-Zuordnung der Seelsorge berücksichtigt, sondern auch die systemische Funktion von Seelsorge, die durchaus prophetische, systemkritische und – ändernde Aspekte haben kann.[89] Für H. Duesberg ist die spirituelle Dimension der Seelsorge besonders bedeutend. „Der gemeinsame Blick auf das in seiner scheinbaren Verlässlichkeit bedrohte Leben verändert die medizingesteuerte Suche nach Lebensqualität durch die Eröffnung einer anderen Perspektive, ob und wie sich der Himmel über einer Leidenserfahrung öffnet oder verschließt."[90] Daher stimmt Duesberg, im Gegensatz zu C. Schneider-Harpprecht und T. Roser,

---

[86] Vgl. T. Roser, Spiritual Care, S. 261.
[87] ebd., S. 262.
[88] ebd., S. 264.
[89] Vgl. H. Duesberg, Perspektiven der Seelsorge in der Institution Klinik, S. 293f.
[90] ebd., S. 291.

dem Leitbild des Zwischen-Raumes von M. Klessmann zu, da für ihn darin die spirituell-kommunikative Perspektive als Erfahrungszentrum des Zwischen-Raumes deutlich wird.[91]

V. Die Seelsorge im Krankenhaus aus Patientenperspektive

Im Verlauf dieser Arbeit dürfte deutlich geworden sein, in welcher Situation sich der Patient im Krankenhaus befindet. Die Situation des Patienten muss die Ausgangslage für eine Seelsorge im Krankenhaus sein. Die moderne Medizin mit ihrer hoch entwickelten Technik bedeutet für den Patienten eine deutliche Verbesserung seiner Heilungschancen, zumindest gibt es viele Möglichkeiten, die unterschiedlichsten Krankheiten, wenn schon nicht zu heilen, so doch mindestens zu lindern. Dennoch darf nicht übersehen werden, dass der Patient dadurch immer mehr mit Geräten und verschiedenster Technik konfrontiert wird. Nicht selten ist der Patient größtenteils computergesteuerten Apparaten ausgeliefert. Das bedeutet, die Technik schiebt sich immer mehr zwischen die Menschen, was dazu führt, dass das Verhältnis der einzelnen Menschen im Krankenhaus zueinander immer unpersönlicher wird bzw. sich immer mehr unterschiedliche Menschen um einen Patienten aufgrund der Spezialisierungen der Medizin kümmern, so dass der Patient vermehrt den Überblick verliert, wer eigentlich alles für ihn zuständig ist. Ebenso führt die moderne Diagnostik dazu, dass die Patienten heute vor neue ethische Entscheidungen gestellt werden, die früher keine Rolle spielten. Man denke beispielsweise an die pränatale Diagnostik oder die Intensivmedizin, in der mittels Technik und Fortschritt über Leben und Tod entschieden werden kann. Das konfrontiert den Patienten zusätzlich mit enormen Belastungen.

Was heißt es nun aus dieser Situation heraus für den Patienten, das Angebot der Seelsorge zu bekommen? Welche Erwartungen hat der Patient gegenüber der Seelsorge und was sollte sie seiner Meinung nach leisten?

Seelsorge ist ein freies Angebot an den Patienten. Ob er die Hilfe eines Seelsorgers annimmt, steht ihm völlig frei. Entscheidend hierbei ist aber, wie die Seelsorge auf den Patienten zukommt. In den seltensten Fällen wird der

---

[91] Vgl. H. Duesberg, Perspektiven einer Seelsorge in der Institution Klinik, S. 292.

Patient den Seelsorger von sich aus rufen. Denn der Ruf nach einem Seelsorger bedeutet für den Patienten, dass er sich seine Hilfsbedürftigkeit eingestehen und sich überwinden muss, den ersten Schritt auf den Seelsorger zuzugehen.[92] Außerdem muss gefragt werden, inwieweit der Patient im Krankenhaus überhaupt über das Angebot der Seelsorge informiert ist. In einigen Krankenhäusern wird den Patienten zusammen mit den Aufnahmeformularen ein Informationsblatt oder ähnliches gegeben, in denen sich die dort zuständigen Krankenhausseelsorger vorstellen, meist mit Foto und Telefonnummer. Das macht es für den Patienten zumindest einfacher, sich an einen Seelsorger zu wenden, da er durch ein Foto schon mal ein Bild vor Augen hat. Wenn diese Information aber nicht weitergegeben wird, ist der Patient davon abhängig, dass z.B. das Pflegepersonal vermittelt oder eben der Krankenhausseelsorger von sich aus auf den Patienten zugeht.

Bedauerlicherweise habe ich selbst bei mehreren Krankenhausaufenthalten die Erfahrung machen müssen, dass die Präsenz der Seelsorger eher zu wünschen übrig ließ. Diese Beobachtung hat sich auch in Gesprächen mit verschiedenen Patienten leider oft bestätigt. Es hilft einem Patienten, der bettlägerig ist, beispielsweise überhaupt nicht, wenn auf dem Korridor der Krankenstation eine Tafel hängt, auf der so etwas steht wie: „Wir sind die Krankenhausseelsorger N.N. Bei Bedarf rufen Sie uns gerne an!" Diese Tafel wird der Patient in seinem Bett nie zu Gesicht bekommen.

Das Problem besteht darin, dass die Seelsorge meist davon ausgeht, dass die Schwestern und Pfleger ihnen Bescheid geben, wenn ein Patient Hilfe braucht. Aber aufgrund der Arbeitsüberlastung des Pflegepersonals nehmen sie nicht unbedingt wahr, welcher Patient das Bedürfnis nach einem seelsorgerlichen Gespräch hat. Denn in der Krankenpflege selbst wird die Zeit der Zuwendung zum Patienten immer mehr zur Mangelware, was sich aus der personellen Unterbesetzung erklären lässt.

Der personelle Notstand trifft leider auch auf die Krankenhausseelsorge zu. Wenn auf einen Seelsorger 600-800 oder noch mehr Betten kommen[93], ist die Konsequenz zwangsläufig, dass er nie alle Patienten besuchen können wird. Hierin liegt somit das Hauptproblem. Ein flächendeckendes Besuchsmodell, wie es früher üblich war, kann von den Hauptamtlichen kaum noch geleistet werden. Bei diesem Modell ist der Seelsorger vorrangig Vertreter der Kirche

---

[92] siehe hierzu auch L. Simon, Einstellungen und Erwartungen der Patienten im Krankenhaus gegenüber dem Seelsorger, S. 211.
[93] so die ungefähren Angaben in der Literatur.

mit der Aufgabe, den geistlichen Beistand auch im Gemeindebereich der Klinik zu leisten. Bei diesem Verfahren sollen möglichst viele Patienten im Rahmen der knappen Zeit erreicht werden.[94] Im Zeitalter der begleitenden und partnerzentrierten Seelsorge wird mittlerweile eher das sog. Selektionsverfahren angewendet. Das heißt, hier werden meist die Schwestern und Pfleger gefragt, welche Patienten ‚es am Nötigsten' haben. Damit können aber nur ausgewählte Patienten betreut werden. Aufgrund des großen Zuständigkeitsbereiches des Seelsorgers muss seine Selektion schließlich immer mehrstufig sein. Im Einzelfall werden daher die Schwerkranken, Notfälle oder Sterbende den Vorrang vor anderen Patienten haben.[95]

Der Seelsorger ist also völlig überfordert und kann den Bedürfnissen der Patienten bei weitem nicht gerecht werden. Daneben werden die Liegezeiten der Patienten im Krankenhaus immer kürzer, so dass die Seelsorger, bei dem Anspruch alle Patienten besuchen zu müssen, noch mehr Patienten betreuen müssten. Um dieser Situation Herr zu werden, sind meist neben den hauptamtlichen Seelsorgern noch weitere ehrenamtliche Mitarbeiter tätig.

Für den Patienten in seiner Krisensituation der Krankheit wird es das wichtigste sein, im Seelsorger einen Gesprächspartner zu haben. Abgesehen von den Mitpatienten und dem Besuch von Verwandten und Freunden ist der Patient im Krankenhaus ziemlich auf sich allein gestellt. Da kaum noch einer Zeit im Krankenhaus hat, ist es für den Patienten von großer Bedeutung, dass es in der Seelsorge noch Menschen gibt, die sich Zeit nehmen können und eben einfach nur da sind. Ihnen kann sich der Kranke öffnen und sein Leid klagen. Dabei muss es nicht unbedingt um die Krankheit selbst gehen, es ist generell in dieser Situation gut, jemanden zu haben, der zuhört. Der Seelsorger wird in dieser Beziehung nicht unbedingt als Geistlicher gesehen, sondern zuallererst als Mensch.

Sicherlich wird der Seelsorger auch damit konfrontiert, dass Patienten ihn ablehnen bzw. nichts von der Kirche wissen wollen. Aber oft steht dahinter nur der Wunsch, nicht angepredigt zu werden. Die Fragen nach dem Sinn des Lebens gerade angesichts der Krankheit bleiben aber bestehen und wollen gestellt werden dürfen. Religiöse Erfahrung im Leiden ist zunächst Verlust-Erfahrung. Lebenssinn geht verloren und dieses Verlorengegangene muss zur

---

[94] Vgl. D. Schwarz, Zur Alltagswirklichkeit von Klinikseelsorgern, S. 98.
[95] Vgl. ebd., S.96f.

Sprache gebracht werden.[96] Der Zweifel, der beim Patienten oft aufkommt, ist nicht als das Gegenteil von Glauben zu verstehen. Sondern der Zweifel zeigt gerade, dass noch Glauben vorhanden ist, aber die bisherige Lebenssituation in Frage gestellt wird. Das heißt, das bisherige Gottesbild gerät ins Wanken. Es ist aber wichtig, dass der Zweifel zugelassen wird, da er auch die Tür zu einem vertieften Lebenssinn öffnen kann. Daher verstehen H.-C. und I. Piper den Zweifel als integralen Bestandteil religiöser Erfahrung.[97]

Das Leiden kann den Patienten nicht nur zur Verzweiflung bringen, sondern es kann auch in Aggression umschlagen, wenn er seine eigene Hilflosigkeit und Ohnmacht spürt. Alles scheint dann aussichtslos, kein Ende in Sicht zu sein. Hier kann ihm der Seelsorger helfen, mit der Situation umzugehen. Es ist wichtig, der Aggression und der Klage Raum zu geben. Hier ist der Seelsorger herausgefordert, sich den Leidenserfahrungen auszusetzen und diese mit auszuhalten.[98]

VI. Perspektiven einer patientenorientierten Seelsorge im Krankenhaus

Es soll nun versucht werden, aufgrund der Beobachtungen über den Patienten in seiner Situation im Krankenhaus und der Darstellung der jetzigen Krankenhausseelsorge, Perspektiven für eine Seelsorge im Krankenhaus zu entwickeln, die sowohl den Patienten voll und ganz im Blick hat, als auch ein eigenes Profil in der Institution Krankenhaus bekommt. Was sollte eine Seelsorge im Krankenhaus leisten, damit sie für den Patienten hilfreich und unterstützend sein kann? Und welchen Stellenwert sollte sie haben, damit sie im System Krankenhaus nicht ihre Bedeutung verliert?

Im Krankenhaus treffen die unterschiedlichsten Menschen aufeinander. Es ist egal, welches Geschlecht, welches Alter oder welche Religion sie haben. Durch ihre Krankheit und ihr Leid aber sind alle durch ein gemeinsames Schicksal verbunden. Für den Seelsorger heißt das, dass er immer wieder neuen Menschen begegnet, die alle unterschiedlich sind und auch ihr Krankheitserleben verschieden erfahren. Daher muss er sich immer wieder neu auf die Situation des einzelnen Patienten einstellen, was von ihm ein hohes

---

[96] Vgl. H.-C. u. I. Piper, Religiöse Erfahrung in einer säkularen Institution, S. 184.
[97] Vgl. ebd., S. 188.
[98] Vgl. J. Ziemer, Seelsorgelehre, S. 281.

Maß an Flexibilität, aber auch Kompetenz einfordert. P. Christian-Widmaier meint daher, dass für den Seelsorger das Krankenhaus „eine Welt voller potentieller Kommunikation" sei. Er weiß nie, was und wer auf ihn zukommt.[99]

Aus medizinischer Sicht ist die Krankheit eines Menschen ein Störfall, der beseitigt werden will. Wenn das aber nicht möglich ist, muss es andere Kategorien geben, um Krankheiten einzuordnen. Auch wenn eine Krankheit nur teilweise oder vielleicht sogar gar nicht zu heilen ist, darf das nicht als verlorener Kampf des kranken Menschen verstanden werden. Diesem Patienten muss gerade in dieser verzweifelten Situation Hoffnung und Trost zugesprochen werden. Das Ziel der Seelsorge ist also gerade nicht, die Krankheit zu beseitigen, sondern es muss darum gehen, sich von der Krankheit nicht überwältigen zu lassen und trotz schwerer Erkrankung ein möglichst weites Feld der Verfügungsgewalt zu behalten.[100]

Dem Mitarbeiter im Krankenhaus, aber auch dem Besucher des Patienten begegnet die Krankheit als eine Episode, als ein Ereignis. Sobald er das Krankenzimmer betritt, wird er der Atmosphäre des Krankseins ausgesetzt, kann sich aber jederzeit zurückziehen. Bei dem Betroffenen selbst dagegen löst die Krankheit einen Prozess aus. Er wird auf einen Weg gebracht, dessen Ziel zunächst nicht überschaubar ist, der aber ganz zu ihm gehört und das Leben vielleicht nachhaltig beeinflusst.[101]

Seelsorge im Krankenhaus sollte in erster Linie Begleitung des Patienten sein. Die seelsorgerliche Begleitung ist nicht von vornherein und auf jeden Fall etwas christliches.[102] R. Gestrich macht deutlich, dass sie auch ohne religiöse Motivation geschehen kann. Die innere Rückbindung (re-ligio) an die Liebe, mit der der Mensch selbst geliebt wird, so Gestrich, könne den Menschen beleben und stärken, auf die Kranken mit ebensolcher Liebe zuzugehen.[103] Die menschliche Begegnung, die Beziehung schafft, ist eine Grundbedingung sowohl der Pflege als auch der Seelsorge im Krankenhaus. Beziehung bedeutet, dass ein Patient sich als Person anerkannt, angenommen und in

---

[99] Vgl. P. Christian-Widmaier, Das Krankenhaus als eine Welt voll potentieller Kommunikation, S.270.
[100] Vgl. V. Gisbertz, Ist einer von euch krank, S. 20.
[101] Vgl. ebd., S. 22.
[102] Dennoch bewegt sich der Seelsorger vor seinem christlichen Hintergrund.
[103] Vgl. R. Gestrich, Das seelsorgerliche Gespräch in der Krankenpflege, S. 59.

seiner individuellen Eigenart geschätzt fühlen kann. Dazu gehört auch das Betroffensein können von Seiten der Pflegenden und der Seelsorger. Nur so können sie wirklich mit dem Patienten fühlen und ihn wirklich ernst nehmen. Denn es geht schließlich um das Begleiten der Patienten. Dazu gehört die verantwortungsvolle Nachfrage beim Patienten, eine teilnahmsvolle, interessierte Fürsorge und ein Gesprächsbeistand, durch den man mitgeht mit dem, was einen Patienten in seinem Kranksein betrifft.[104]

Die Seelsorge sollte für den Patienten vor allem Trost und Zuspruch der Hoffnung in seiner krisenhaften Situation sein. Das Trösten stellt eine Urform der Seelsorge dar. Wichtig ist aber, dass aus dem Trösten nicht ein *Ver*trösten wird.

In der Bibel spielt das Wort des Trostes eine große Rolle. Im Alten Testament und in der hebräischen Sprache wird ein Wort für Trösten verwendet, in welchem ,Aufatmen und Aufatmenlassen' anklingt (,Nicham'). Trost ist also dafür da, eine Situation aufatmend besser zu ertragen. Das Entscheidende liegt darin, dass der Trost nicht die äußere Lage des Patienten verändert, sondern das Befinden *in* seiner schweren Lage.

In vielen alttestamentlichen Psalmen steht die Klage noch vor dem Trost. Der Trost kommt erst durch das Aussprechen und Loslassen der Klage hindurch als ein Geschenk Gottes zum Beter (so z.B. Ps 42,6).[105] Daher ist es gerade wichtig für den Patienten, dass er klagen darf. Er darf seiner Verzweiflung freien Lauf lassen. Daher ist es Aufgabe der Seelsorge, den leidenden Menschen dazu zu ermuntern und zu befähigen, seine Leidenserfahrung zu Gott hin auszusprechen. Das kann zunächst auch nur dadurch geschehen, dass der Seelsorger bei dem leidenden Menschen in mitmenschlicher Nähe ist. Dieses Aussprechen der Klage ist zu unterscheiden von einem ,Jammern' des Kranken. Denn darin ist der Mensch ganz auf sich selbst und seine Krankheit fixiert. Das Jammern kann aber auch seinen Grund darin haben, dass der Patient eine andere Sprache des Leidens nicht mehr sprechen kann. Hier sollte der Seelsorger einsetzen und ihm helfen, aus seiner Sprachlosigkeit heraus zu kommen und ihm andere Sprachformen nahe bringen, wie beispielsweise durch ein gemeinsames Gebet oder das Lesen eines Psalms.[106]

---

[104] Vgl. R. Gestrich, Das seelsorgerliche Gespräch in der Krankenpflege, S. 24.
[105] Vgl. ebd., S. 77.
[106] Vgl. U. Eibach, Der leidende Mensch vor Gott, S. 59f.

Im Neuen Testament findet sich das Wort ‚herbeirufen' (‚parakalein') für Trost. Der eigentliche Trost kommt von Gott, dem „Vater der Barmherzigkeit" (2.Kor 1,3f.).[107] Der Sinn des Trostes besteht darin, dass der Patient, wenn er in seiner Trostlosigkeit begleitet wurde, wieder Mut schöpft trotz allem, was unverändert auf ihm lastet.[108]

M. Klessmann weist, sicherlich nicht zu unrecht, auf die Tatsache hin, dass die christliche Tradition ihre selbstverständlich tröstende und stabilisierende Plausibilität für die meisten Menschen eingebüßt habe.[109] Dennoch wird, und das beweist die Wichtigkeit der Seelsorge im Krankenhaus, ein seelsorgerlicher Besuch immer wieder von den Patienten akzeptiert und auch gerne angenommen. Dies aber eher unter dem Gesichtspunkt, dass sich die Erwartung der Patienten an die Kirche auf helfende Begleitung in Form von Gesprächen und emotionalem Beistand in Krisensituationen richtet. „In dieser Form kann Krankenhausseelsorge den Menschen im Krankenhaus glaubwürdig vermitteln, dass Kirche sich im Namen Gottes allen Menschen zuwendet, unabhängig von deren religiöser Einstellung und kirchlicher Zugehörigkeit. Die Sorge Gottes um die Menschen ist nicht an bestimmte Vorbedingungen gebunden und auf bestimmte Zielvorstellungen fixiert."[110]

Basis und Grundlage der Krankenhausseelsorge sollte der sog. kursorische Besuch sein.[111] Leider ist das in der heutigen Krankenhausseelsorge aufgrund der personellen Unterbesetzung der Seelsorger häufig nicht mehr der Fall. Ein Brief oder ein Informationsblatt für die Patienten kann noch so gut verfasst sein – es ersetzt niemals die Begegnung zwischen Seelsorger und Patient! Daher ist die Präsenz der Seelsorger auf den einzelnen Stationen von ungeheurer Wichtigkeit. Wenn nämlich der Seelsorger als Mitglied des Pflege- und Stationsteams voll und ganz dazugehören würde, wäre der Patient vielleicht nicht so überrascht, warum der Seelsorger nun gerade ihn besucht und mit ihm reden möchte. Gerade bei sterbenden Patienten ist immer wieder zu beobachten, dass sie Seelsorger als eine Art Todesengel ansehen. Nach dem Motto „Steht es um mich jetzt schon so schlimm, dass Sie mich besuchen

---

[107] „Gelobt sei Gott, der Vater unseres Herrn Jesus Christus, der Vater der Barmherzigkeit und Gott allen Trostes, der uns tröstet in aller unserer Trübsal, damit wir auch trösten können, die in allerlei Trübsal sind, mit dem Trost, mit dem wir selber getröstet werden von Gott."

[108] Vgl. R. Gestrich, Das seelsorgliche Gespräch in der Krankenpflege, S. 77.

[109] Vgl. M. Klessmann, Handbuch der Krankenhausseelsorge, S. 285.

[110] ebd., S. 286.

[111] Vgl. A. Reiner, Die seelsorgerlichen Dienste, S. 96.

kommen?"'. Ich denke, dass sich ein solcher oder ähnlicher Kommentar gerade daraus ergibt, dass die Seelsorge im Krankenhaus nicht so präsent ist, wie zu wünschen wäre. Sie wird immer noch als etwas Eigenständiges, als etwas Hinzugekommenes gesehen, das nicht zum alltäglichen Krankenhausgeschehen gehört.

Mir ist durchaus bewusst, dass ein Seelsorger, der fast 1000 Betten und damit noch mehr Patienten zu betreuen hat, es alleine keinesfalls schaffen kann, von einem Zimmer zum nächsten zu gehen und die einzelnen Patienten zu besuchen. Aber liegt hier nicht das eigentliche Hauptproblem der Seelsorge im Krankenhaus? Die Situation wird sich im Laufe der nächsten Jahre sicherlich noch weiter verschärfen, denn immer weiter differenzierte technische Möglichkeiten der Medizin (z.B. bei Diagnose- und Krankheitsverfahren), aber auch der finanzielle Druck verkürzen die durchschnittliche Verweildauer im Krankenhaus immer mehr. Vor-, teil-, nachstationäre sowie ambulante Behandlungen nehmen deutlich zu. Das hat für die Krankenhausseelsorge zur Folge, dass sie immer mehr Menschen nicht erreichen wird. M. Klessmann berichtet, dass eine bereits vielfach praktizierte Möglichkeit aus diesem Dilemma darin besteht, dass die Seelsorger vor allem an den Brennpunkten des Krankenhauses (Intensivstationen, Unfallstation, Notaufnahme) regelmäßig und verlässlich anwesend sind und dann den Patienten, denen sie dort begegnen, auf die „Normalstation" folgen. Das hat aber zur Folge, dass sich die Seelsorge nur auf die schwierigen ,Fälle' konzentriert.[112] Das kann aber nicht Sinn der Sache sein, denke ich. Denn so werden die Patienten auf den ,Normalstationen' völlig vernachlässigt. Daher wird immer mehr versucht, der Misere des personellen Notstands mit ehrenamtlichen Seelsorgern zu begegnen. Das bringt aber wiederum auch Probleme mit sich, da sich die Ehrenamtlichen möglicherweise nicht voll akzeptiert wissen im Gegensatz zu den hauptamtlichen Seelsorgern. Zum anderen müssen ehrenamtliche Seelsorger von hauptamtlichen kontinuierlich begleitet werden.

Andererseits nimmt die Zahl von alten, chronisch kranken und sterbenden Patienten immer mehr zu, so dass hier die Notwendigkeit einer langfristigen seelsorgerlichen Begleitung entsteht, die zum Ziel haben könnte, dass die Betroffenen lernen, mit ihrer Krankheit zu leben.[113] Das beinhaltet, dass die Betroffenen zu einem Lebensentwurf finden müssen, in dem nicht die volle

---

[112] Vgl. M. Klessmann, Handbuch der Krankenhausseelsorge, S. 288.
[113] Vgl. G. Scharffenorth/A.M.K. Müller, Patienten-Orientierung als Aufgabe, S. 292.

Leistungsfähigkeit das entscheidende Merkmal ist, sondern eher die Fähigkeit und Möglichkeit zu einer sozialen, kommunikativen Vernetzung, in der die Krankheit, die Behinderung ‚aufgehoben' ist. Daher kommt der Seelsorge die Aufgabe zu, ihren Beitrag zu einem veränderten Krankheits- und Gesundheitsbegriff im Krankenhaus mit Hilfe ihres theologischen Begründungszusammenhangs zu leisten. „Dass Leben und Gesundheit ein Geschenk und nicht einen Anspruch darstellen, dass sie immer nur begrenzt und bedingt, nie vollkommen zu haben sind, dass Leiden Bestandteil und nicht nur Feind des Lebens ist, dass Leben nicht isoliert, sondern in Kommunikation, im Angesprochenwerden (Buber) gelingt – das sind zweifellos zentrale christlich-anthropologische Überzeugungen, die als Perspektive, nicht als Anspruch, für die Seelsorge leitend sein können, gerade in der Begleitung chronisch kranker Menschen."[114]

Die Seelsorge im Krankenhaus ist in heutiger Zeit immer mehr als das eigentliche Begleiten von Patienten. Sie ist im Krankenhaus umgeben und herausgefordert vom ständigen Modernisierungsdruck in Wissenschaft und Technik der Medizin und deren Anwendungsfolgen. Daher kann sie ihr eigenes Selbstverständnis nur in realistischer und offener Beziehung zu den Human- und Naturwissenschaften und den therapeutischen Handlungsfeldern entwickeln.[115] Wie bereits oben erwähnt, bedeutet die moderne Medizin und Technik für den Patienten auch, dass er in Konfliktsituationen geraten kann, in denen eine ethische Entscheidung getroffen werden muss. Im Falle der Pränatalen Diagnostik beispielsweise muss ein Patient eventuell darüber entscheiden, ob er ein behindertes Kind zu Welt bringt oder nicht. Das bedeutet für den Patienten eine enorme psychische Belastung. Aber auch für das Pflegepersonal und die Ärzte, denn sie sind diejenigen, die diese Eingriffe durchführen müssen. Somit stellt die moderne Diagnostik die Menschen vor neue Probleme und Belastungen. Hier kann und sollte die Seelsorge tätig werden. Denn mit ethisch-moralischer Kompetenz kann sie helfen, die richtige Entscheidung zu treffen. „Ethisch-moralische Kompetenz in der Seelsorge ist die Befähigung der an der Seelsorgesituation beteiligten Personen, Probleme und Kontexte des moralischen Handelns realitätsbezogen wahrzunehmen, begründete ethische Urteile zu fällen und sie auf angemessenen Wegen in die Praxis umzusetzen. Anders gesagt: Ethisch-moralische Kompetenz in der

---

[114] M. Klessmann, Handbuch der Krankenhausseelsorge, S. 289.
[115] Vgl. E. Weiher, Mehr als begleiten, S. 8.

38

Seelsorge ist die Befähigung von Personen zu verantwortlichem Handeln in der Gemeinschaft im Rahmen der von theologischen, sozialen, psychischen und rechtlichen Vorgaben geprägten Seelsorgesituation."[116] Der Aspekt der ethischen Beratung in der Seelsorge bei der Entwicklung und Förderung organisationaler und struktureller Rahmenbedingungen bezieht sich vor allem darauf, die klinische Einrichtung und das therapeutische Team in seinem Auftrag des Lebensschutzes und des respektvollen Umgangs mit der Personenwürde zu unterstützen.[117] In diese Richtung weisen z.b. die Einrichtung von klinischer Ethikberatung, Kommissionen und klinischen Ethikkomitees in verschiedenen Krankenhäusern. T. Roser weist darauf hin, dass klinische Ethikkomitees in der deutschen Krankenhauslandschaft eine vergleichsweise junge Erscheinung sind. Eine Welle von Gründungen derartiger Gremien setzte nach 1997 ein, als die beiden großen konfessionellen Krankenhausverbände, der Deutsche Evangelische Krankenhausverband und der Katholische Krankenhausverband Deutschlands, die ihnen angehörenden Einrichtungen zur Gründung von Ethikkomitees aufforderten.[118] Die Entwicklung von Leitlinien für eine ethische Beratung hilft, mit absehbaren ethischen Konfliktsituationen vorbereitet und strukturiert umgehen zu können, die zur Entscheidungsfindung notwendigen Informationen parat zu haben, die Handlungsoptionen in den Blick zu nehmen und schließlich Zeiträume und Gelegenheiten zur Beratung und individuellen Entscheidungsfindung bereitzustellen. Dadurch, dass die Arbeit in den Ethikkomitees prinzipiell interdisziplinär und multiprofessionell ist, eröffnet sich für die Seelsorge die Möglichkeit, durch eine aktive Beteiligung die Deutungsmuster und die Handlungsmöglichkeiten theologischer Provenienz und kirchlicher Tradition zu vermitteln und anschlussfähig zu machen.[119]

Die Seelsorge im Krankenhaus muss demzufolge zwei Bereiche großflächig abdecken. Bei der Patientenberatung und ihrer Begleitung muss sie Konflikte, die durch ethische Vernunft gelöst werden können unterscheiden von Situationen, in denen ein Individuum sich mit einem Schicksal konfrontiert sieht. In diesen Situationen kann eine sich ausschließlich als ethische Beratung verstehende Seelsorge nicht viel ausrichten. Dafür haben dann geistliche und

---

[116] C. Schneider-Harpprecht, Ethisch-moralische Kompetenz in der Seelsorge, S. 176.
[117] Vgl. T. Roser, Spiritual Care, S. 149.
[118] Vgl. ebd., S. 240.
[119] Vgl. ebd., S. 150.

39

rituelle Begleitung in einer als leidvoll erlebten Situation ihren spezifischen und unvertretbaren Ort. Die seelsorgerliche Kompetenz muss daher die Aufgabe erfüllen, beide Situationen voneinander unterscheiden zu können und auf beide Situationen professionell zu reagieren. So formuliert T. Roser über den Beitrag der Seelsorge im klinischen Kontext: „Zum einen [besteht der Beitrag der Seelsorge] in der Hilfeleistung, einen ethischen Konflikt im Horizont eines persönlichkeitsspezifischen Credos und in Auseinandersetzung mit christlichen Werten zu betrachten und nach Lösungen zu suchen, die dem autonomen Individuum und seinen Wertvorstellungen entsprechen. Zum andern aber bietet Seelsorge geistlichen Beistand in Begleitung, Gespräch und Ritus. Dieses differenzierende Verständnis von Seelsorge ermöglicht mehrere Formen seelsorglicher Interaktion im klinischen Umfeld: Seelsorge kann sowohl integrierte Partnerin in den multiprofessionellen Teams eines Krankenhauses sein als auch Handlungsweisen anbieten, die im medizinisch-pflegerischen und rational-ökonomischen Kontext Krankenhaus fremd anmuten: zeitlich nicht quantifizier- und verrechenbare Gespräche mit verschiedenen Gesprächspartnern und Rituale wie Gebet, Segnung, Salbung etc."[120]

Die tatsächliche Perspektive der Seelsorge im Krankenhaus liegt also dort, wo die apparativ ausgerichtete Institution Krankenhaus und seine Mitarbeiter größtenteils versagen muss, nämlich in den Bereichen, die man allgemein als menschliche Nähe, menschliche Wärme und menschliche Zuwendung bezeichnen kann. Es muss die Aufgabe der Seelsorge sein, diese gelebte Nächstenliebe im persönlichen Gespräch und im Rahmen der Fürsorge zu einer für den Patienten hilf- und segensreichen Erfahrung werden zu lassen. Dies ist aber nur möglich, wenn der Seelsorger sich auch ausreichend Zeit für den einzelnen Patienten nehmen und entsprechend für ihn da sein kann. Ebenso ist es für eine gelingende Seelsorge nötig, dass der Seelsorger integraler Bestandteil des therapeutischen Teams ist und Präsenz zeigt, damit eine Zusammenarbeit der einzelnen Mitarbeitergruppen im Krankenhaus gewährleistet ist, die sich wiederum positiv auf das Wohl der Patienten auswirkt.

---

[120] T. Roser, Spiritual Care, S. 288.

VII. Anhang – Grunddaten der Krankenhäuser 2006

Eckdaten der Krankenhausstatistik 2005/2006

	Anzahl 2006	Anzahl 2005	Veränderung 2005 / 2006
Krankenhäuser insgesamt	**2.104**	**2.139**	**-1,64%**
Allgemeine Krankenhäuser	1.817	1.846	-1,57%
darunter			
öffentliche Krankenhäuser	617	647	-4,64%
freigemeinnützige Krankenhäuser	696	712	-2,25%
private Krankenhäuser	504	487	3,49%
aufgestellte Betten insgesamt	**510.767**	**523.824**	**-2,49%**
Allgemeine Krankenhäuser	473.595	484.955	-2,34%
darunter			
öffentliche Krankenhäuser	238.272	249.760	-4,60%
freigemeinnützige Krankenhäuser	171.615	175.906	-2,44%
private Krankenhäuser	63.708	59.289	7,45%
Berechnungs-/Belegungstage insgesamt	**142.251.027**	**143.244.218** *	**-0,69%**
Allgemeine Krankenhäuser	129.957.417		
darunter			
öffentliche Krankenhäuser	66.791.196		
freigemeinnützige Krankenhäuser	46.152.206		
private Krankenhäuser	17.014.015		
Fallzahl insgesamt	**16.832.883**	**16.539.398** *	**1,77%**
Allgemeine Krankenhäuser	16.356.428		
öffentliche Krankenhäuser	8.443.541		
freigemeinnützige Krankenhäuser	5.798.627		
private Krankenhäuser	2.114.260		
durchschnittliche Verweildauer in Tagen	**8,5**	**8,6**	**-1,74%**
Allgemeine Krankenhäuser	7,9	8,1	-1,91%
darunter			
öffentliche Krankenhäuser	7,9	8,0	-1,12%
freigemeinnützige Krankenhäuser	8,0	8,1	-1,74%
private Krankenhäuser	8,0	8,2	-1,86%

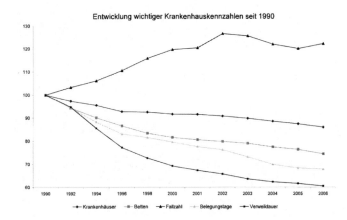

Entwicklung wichtiger Krankenhauskennzahlen seit 1990

—◆— Krankenhäuser   —■— Betten   —▲— Fallzahl   ⋯⋯ Belegungstage   —●— Verweildauer

Quelle: Statistisches Bundesamt (Hrsg.), Fachserie 12 Gesundheitswesen, Reihe 6.1.1. Grunddaten der Krankenhäuser, 2006

41

Trägerstruktur nach Bundesländern 2005

Land	Krankenhäuser insgesamt			davon öffentlich			freigemeinnützig			privat		
	KH	Betten	Betten je 10.000 Einw.	KH	Betten	Betten je 10.000 Einw.	KH	Betten	Betten je 10.000 Einw.	KH	Betten	Betten je 10.000 Einw.
Krankenhäuser												
Schleswig-Holstein	96	15.547	54,9	20	7.769	27,4	33	3.174	11,2	43	4.604	16,3
Hamburg	47	11.954	68,4	11	6.426	36,8	14	4.201	24,0	22	1.327	7,6
Niedersachsen	199	42.651	53,4	63	20.848	26,1	77	15.475	19,4	59	6.328	7,9
Bremen	14	5.626	84,7	5	3.378	50,9	7	1.942	29,2	2	306	4,6
Nordrhein-Westfalen	437	125.003	69,3	89	39.019	21,6	303	80.900	44,8	45	5.085	2,8
Hessen	179	35.091	57,7	64	18.329	30,2	59	10.392	17,1	56	6.370	10,5
Rheinland-Pfalz	99	25.661	63,3	19	8.491	20,9	62	15.465	38,1	18	1.705	4,2
Baden-Württemberg	296	60.424	56,3	122	41.028	38,2	73	12.750	11,9	101	6.646	6,2
Bayern	381	76.182	61,0	206	55.600	44,6	53	9.581	7,7	122	11.001	8,8
Saarland	26	7.305	69,8	11	4.431	42,3	15	2.974	27,5	-	-	-
Berlin	72	19.859	58,4	3	8.108	23,8	34	8.372	24,6	35	3.379	9,9
Brandenburg	47	15.390	60,3	22	9.574	37,5	17	3.189	12,5	8	2.627	10,3
Mecklenburg-Vorpommern	34	10.216	60,1	6	2.828	16,6	12	2.036	12,0	16	5.352	31,5
Sachsen	82	26.883	63,1	38	17.508	41,1	15	3.025	7,1	28	6.350	14,9
Sachsen-Anhalt	50	16.833	68,5	22	10.904	44,4	15	3.307	13,5	13	2.622	10,7
Thüringen	45	16.142	69,5	16	6.753	29,1	13	3.517	15,1	16	5.872	25,3
Deutschland	2.104	510.767	62,0	717	260.993	31,7	803	180.200	21,9	584	69.574	8,4

Jahr	Beschäftigte am 31.12.					Vollkräfte im Jahresdurchschnitt			
		davon					davon		
		Ärztlicher Dienst		Nichtärztlicher Dienst			Ärztlicher Dienst	Nichtärztlicher Dienst	
	Insgesamt	zusammen	darunter hauptamtliche Ärzte/Ärztinnen	zusammen	darunter Pflegedienst	Insgesamt		zusammen	darunter Pflegedienst
					Anzahl				
1991	1.119.791	110.569	98.051	1.009.222	389.511	875.816	95.208	780.608	326.072
1992	1.133.050	112.602	98.186	1.020.448	399.915	882.449	97.673	784.776	331.301
1993	1.134.690	113.063	98.627	1.021.627	405.848	875.115	95.640	779.474	332.724
1994	1.146.779	115.714	100.919	1.031.065	417.272	880.150	97.105	783.045	342.324
1995	1.161.863	117.805	103.093	1.044.058	429.183	887.564	101.590	785.974	350.571
1996	1.150.867	119.419	104.745	1.031.438	427.271	880.000	104.352	775.648	349.423
1997	1.133.409	119.936	106.338	1.013.473	420.306	861.549	105.618	755.930	341.138
1998	1.124.881	121.232	108.367	1.003.649	419.284	850.948	107.106	743.842	337.716
1999	1.114.178	121.918	109.888	992.260	415.865	843.452	107.900	735.552	334.890
2000	1.108.646	123.381	111.580	985.265	414.478	834.585	108.696	725.889	332.269
2001	1.109.420	125.156	113.593	984.264	416.319	832.530	110.152	722.379	331.472
2002	1.120.773	127.401	116.061	993.372	417.282	833.541	112.763	720.778	327.384
2003	1.104.610	130.298	118.486	974.312	408.183	823.939	114.105	709.834	320.158
2004	1.079.831	131.175	129.817	948.656	396.691	805.988	117.681	688.307	309.510
2005	1.070.655	132.380	131.115	938.275	393.186	796.097	121.610	674.488	302.346
2006	1.071.995	135.135	133.649	936.860	392.711	791.914	123.715	668.200	299.328
Veränderung 2005 / 2006	0,13%	2,08%	1,93%	-0,15%	-0,12%	-0,53%	1,73%	-0,93%	-1,00%

Quelle: Statistisches Bundesamt, Fachserie 12 Reihe 6.1.1. 2006

VIII. Literaturverzeichnis

- **Allwinn, Sabine,** Krankheitsbewältigung als individueller, interaktiver und sozialer Prozess, in: Schneider-Harpprecht, Christoph/Allwinn, Sabine (Hg.), Psychosoziale Dienste und Seelsorge im Krankenhaus. Eine neue Perspektive der Alltagsethik, Göttingen 2005, S. 17-104

- **Allwinn, Sabine/Schneider-Harpprecht, Christoph/Skarke, Kristina,** Psychosoziale Dienste und Seelsorge als vierte Säule im Krankenhaus, in: Schneider-Harpprecht, Christoph/Allwinn, Sabine (Hg.), Psychosoziale Dienste und Seelsorge im Krankenhaus. Eine neue Perspektive der Alltagsethik, Göttingen 2005, S. 223-245

- **Böker, Wolfgang,** Sprache, Ursachenkonzepte und Hilfesuchverhalten des Kranken in unserer Zeit, in: Szydzik, Stanis-Edmund, Die Sorge um den Kranken: gemeinsame Aufgabe von Ärzten, Seelsorgern, Pflegeberufen, Regensburg 1978, S. 9-21

- **Christian-Widmaier, Petra,** Das Krankenhaus als eine Welt voll potentieller Kommunikation. Mikroanalytische Erschließung der institutionellen Selbstbildfacette eines Klinikpfarrers, in: Pastoraltheologie 83 (1994), S.261-272

- **Duesberg, Hans,** Perspektiven der Seelsorge in der Institution Klinik, in: Wege zum Menschen 51 (1999), S. 289-303

- **Eibach, Ulrich,** Heilung für den ganzen Menschen? Ganzheitliches Denken als Herausforderung von Theologie und Kirche. Theologie in Seelsorge, Beratung und Diakonie Bd.1, Neukirchen-Vluyn 1991

- **Eibach, Ulrich,** Der leidende Mensch vor Gott. Krankheit und Behinderung als Herausforderung unseres Bildes von Gott und dem Menschen. Theologie in Seelsorge, Beratung und Diakonie Bd.2, Neukirchen-Vluyn 1991

- **Eibach, Ulrich,** Gesundheit und Krankheit. Anthropologische, theologische und ethische Aspekte, in: Klessmann, Michael, Handbuch der Krankenhausseelsorge, Göttingen 2001[2], S. 213-224

- **Eschmann, Holger,** Theologie der Seelsorge. Grundlagen – Konkretionen – Perspektiven, Neukirchen-Vluyn 2000

- **Ferel, Martin,** „Willst du gesund werden?" – Das systematische Verständnis von Krankheit und Heilung als Orientierung für die Seelsorge, in: Wege zum Menschen 48 (1996), S. 359-374

- **Friedrich, Hannes**, Die Klinikseelsorgerin und der Klinikseelsorger im Dickicht von Zweckrationalität und Krankenhaussubkultur, in: Wege zum Menschen 48 (1996), S.164-175

- **Gestrich, Reinhold**, Das seelsorgerliche Gespräch in der Krankenpflege, Stuttgart u.a. 1991

- **Gisbertz, Victor**, Ist einer von euch krank... Besuche bei Kranken, Würzburg 1991

- **Heller, Andreas/Stenger, Hermann M.**, Den Kranken verpflichtet: Seelsorge, ein Gesundheitsberuf im Krankenhaus, Innsbruck 1997

- **Josuttis, Manfred**, Praxis des Evangeliums zwischen Politik und Religion, München 1974

- **Josuttis, Manfred**, Segenskräfte. Potentiale einer energetischen Seelsorge, Gütersloh 2000

- **Klessmann, Michael**, Handbuch der Krankenhausseelsorge, Göttingen 2001[2]

- **Klessmann, Michael**, Die Stellung der Krankenhausseelsorge in der Institution Krankenhaus, in: Heller, Andreas/Stenger, Hermann M., Den Kranken verpflichtet: Seelsorge, ein Gesundheitsberuf im Krankenhaus, Innsbruck 1997

- **Kohlmann, Thomas**, Patient und Organisation, Wege zum Menschen 38 (1986), S.391-400

- **Löschmann, Günter**, Fragen des Kranken im Erleben und Erleiden, in: Szydzik, Stanis-Edmund, Die Sorge um den Kranken: gemeinsame Aufgabe von Ärzten, Seelsorgern, Pflegeberufen, Regensburg 1978, S. 22-25

- **Lublewski-Zienau, Anke** u.a., Was erwarten Patientinnen und Patienten von der Klinikseelsorge? Eine Studie in der kardiologischen Rehabilitation, in: Wege zum Menschen 55 (2003), S. 463-478

- **Ludwig, Karl Josef**, Der Krankenhausseelsorger im Spannungsfeld unterschiedlicher Erwartungen, in: Szydzik, Stanis-Edmund, Die Sorge um den Kranken: gemeinsame Aufgabe von Ärzten, Seelsorgern, Pflegeberufen, Regensburg 1978, S. 44-48

- **Naurath, Elisabeth**, Seelsorge als Leibsorge. Perspektiven einer leiborientierten Krankenhaus-Seelsorge, Stuttgart 2000

- **Piper, Hans-Christoph**, Kranksein – Erleiden und Erleben. Erfahrungen von Krankenhausseelsorgern im Umgang mit Patienten, in: Mayer-Scheu, Josef/Kautzky, Rudolf (Hg.), Vom Behandeln und Heilen. Die vergessene Dimension im Krankenhaus, Wien u.a. 1980

- **Piper, Hans-Christoph und Ida,** Religiöse Erfahrung in einer säkularen Institution, in: Klessmann, Michael, Handbuch der Krankenhausseelsorge, Göttingen 2001[2] , S. 181-193

- **Reiner, Artur,** Die seelsorgerlichen Dienste, in: Szydzik, Stanis-Edmund, Die Sorge um den Kranken: gemeinsame Aufgabe von Ärzten, Seelsorgern, Pflegeberufen, Regensburg 1978, S. 95-103

- **Roser, Traugott,** Spiritual Care. Ethische, organisationale und spirituelle Aspekte der Krankenhausseelsorge. Ein praktisch-theologischer Zugang, Stuttgart 2007

- **Scharffenorth, Gerta,** Patienten-Orientierung als Aufgabe: kritische Analyse der Krankenhaussituation und notwendige Neuorientierungen, Heidelberg 1990

- **Schneider-Harpprecht, Christoph,** Das Profil der Seelsorge im Unternehmen Krankenhaus, in: Wege zum Menschen 54 (2002), S. 424-438

- **Schneider-Harpprecht, Christoph,** Ethisch-moralische Kompetenz in der Seelsorge, in: Schneider-Harpprecht, Christoph/Allwinn, Sabine (Hg.), Psychosoziale Dienste und Seelsorge im Krankenhaus. Eine neue Perspektive der Alltagsethik, Göttingen 2005, S. 175-201

- **Schwarz, Dieter,** Zur Alltagswirklichkeit von Klinikseelsorgern: persönliche und professionelle Bewältigungsformen im Umgang mit schwerer Krankheit, Sterben und Tod; eine kultursoziologische Untersuchung, 1987

- **Siegrist, Johannes,** Seelsorge im Krankenhaus – aus der Sicht der Krankenhaussoziologie, in: Klessmann, Michael, Handbuch der Krankenhausseelsorge, Göttingen 2001[2] , S. 28-39

- **Simon, Ludger,** Einstellungen und Erwartungen der Patienten im Krankenhaus gegenüber dem Seelsorger, Frankfurt 1985

- **Thurneysen, Eduard,** Die Lehre von der Seelsorge, Zürich 1994[7]

- **Weiher, Erhard,** Mehr als begleiten. Ein neues Profil für die Seelsorge im Raum von Medizin und Pflege, Mainz 1999

- **Ziemer, Jürgen,** Seelsorgelehre, Göttingen 2000